연봉이 쑥쑥 오르는 이직의 기술

연봉이 쑥쑥 오르는
이직의 기술

초판 1쇄   2020년 12월 7일

지은이   김팀장(김영종)

발행인   유철상
기획   조종삼
편집   이정은, 정예슬
디자인   조연경, 주인지, 최윤정
마케팅   조종삼, 윤소담

펴낸곳   상상출판
출판등록   2009년 9월 22일(제305-2010-02호)
주소   서울특별시 동대문구 왕산로28길 39, 1층(용두동, 상상출판 빌딩)
전화   02-963-9891
팩스   02-963-9892
전자우편   sangsang9892@gmail.com
홈페이지   www.esangsang.co.kr
블로그   blog.naver.com/sangsang_pub
인쇄   다라니
종이   ㈜월드페이퍼

ISBN 979-11-90938-16-7 (03320)
ⓒ2020 김팀장(김영종)

몸값 제대로 받고, 회사에서 인정받는 프로 이직러의 커리어 수업

김팀장(김영종)
지음

연봉이 쑥쑥 오르는

이직의 기술

상상출판

지금이 바로 이직할 때입니다

직장인이라면 누구나 마음속에 사표 하나씩은 품고 살잖아요

"이직하기 참 어렵다!" 이직 컨설턴트로서 살다 보면, 항상 듣게 되는 말이다. 회사에서 임금에 비해 과도한 일을 하고 있을 때, 노력보다 인정받지 못할 때, 주변 사람들과 문제가 생길 때 등…. 일을 하다 보면 언제나 이직하고 싶은 욕구가 생기긴 하지만, 막상 본격적으로 준비하려면 어디서부터 어떻게 해야 할지 막막하다고 한다. 족집게 학원처럼 이직 기술을 가르쳐주는 곳은 당연히 없고, 게다가 마냥 하나하나 준비하기엔 시간이 없다.

기업 문화도 많이 변했다. 예전에는 여러 번 이직한 사람을 끈기가 없는 사람으로 취급했지만, 이제는 '목표의식이 있다'는 식으로 좋은 평가를 내린다. 따라서 이직은 직장인들이 자신의 가치를 제대로 평가하고, 몸값을 높이며, 인생 목표에 한 발자국 더 가까워지기 위한 필수 요소로 자리 잡았다.

이 책에는 15년 동안 대기업, 외국계 금융사, 인터넷 기업, 미디어 회사 등 다양한 업계에서 인사 담당자로 일한 경험과 실제 6번이나 이직했던 '프로 이직러'로서의 노하우가 고스란히 담겨 있다.

'이렇게 하면 무조건 된다'는 내용은 아무에게도 믿음을 주지 못한다. '긍정적인 마음을 가지면 모든 일이 잘 풀린다'처럼 막연한 조언도 큰 도움이 되지 않는다. 그렇게 살면 좋은 건 잘 알지만, 그 방법을 모르기 때문이다.

이직도 마찬가지이다. 지금까지 자신의 목표를 제대로 이루고, 본인에게 유리하게 이직할 수 있는 방법을 알려주는 콘텐츠는 거의 없었다. 그래서 지난 4년 가까운 시간 동안 다양한 칼럼과 팟캐스트를 통해 이직에 대한 고민을 함께 해결해나갔고, 그 내용을 책으로도 정리하게 됐다.

이직은 평소에, 틈틈이 준비하는 것!

이 책은 이직 컨설턴트로서 특히 자주 듣는 고민을 선별해, 이직에 대한 관점을 바꾸는 것부터 실질적인 서류 작성법과 면접 비법, 합격 후 플랜까지 Q&A 형태로 솔직하고 정확하게 담아내고자 했다. 또한 이직의 과정에서 아무도 알려주지 않던 연봉 협상, 이직 후 적응 노하우 등 '이직러'들이 궁금해하는 세세한 부분까지 포함했다.

단, 이직은 개인의 상황에 따라 철저하게 다른 접근과 전략이 필요하기에 자기소개서나 면접 답변 샘플은 포함시키지 않았다. 대신 20대, 30대, 40대 등 나이와 상황에 따른 이직 기술을 담았으며, 이직은 하루아침에 이루어질 수 없는 일인 만큼 매일매일 하나씩 준비해야 할 기술도 설명했다.

당장은 이직할 생각이 없어도, 자신의 실력을 쌓아가거나 연봉을 올리고 싶다면 꼭 필요한 책이다. 또한 새로운 시작을 하는 취업준비생 역시 적어도 3년 안에는 본인의 고민이 될 주제인 만큼 미리 준비한다는 생각으로 꼼꼼히 읽어 나갔으면 한다.

부족하지만, 이 책이 과거의 나처럼 답답해하던 이들에게 도움이 되었으면 하는 바람이다. 남몰래 고민만 하며 직장 생활을 힘들게 견디는 수많은 직장인들에게 조금이나마 이직 멘토 역할을 해주었으면 한다.

책을 시작하는 단계에서부터 아낌없이 조언과 격려를 더해주신 상상출판 대표님과 이사님, 그리고 직원분들께 감사의 마음을 전한다. 무엇보다 쌍둥이와 아내, 힘이 되는 가족이 있었기에 책이 세상에 나올 수 있었다. 매일 삶 가운데 은혜로 인도하시는 하나님께 모든 영광을 돌린다.

Part 1

이직, 바로 시작하고 싶어요. 나만의 경쟁력을 체크하는 방법은?

Part 2

지원하고 싶은 회사가 생겼어요! 자기소개서 등 서류 쓰는 법은?

Part 3

다음 주에 이직 면접이 잡혔어요!

Part 4

합격 통지를 받았습니다!
잘 마무리하고 새롭게 시작하려면?

Part 5

이직에 성공했어요!
'이직 성공러'가 될 수 있는 방법은?

Part 6

또다시 이직을 고민하는 분들에게

Part II

Part 1

이직,
바로 시작하고 싶어요.
나만의 경쟁력을
체크하는 방법은?

이직 준비,
어디서부터 시작해야 하죠?

회사 사수이자 멘토가 이직을 했습니다. 회사에 대한 충성도도 높고, 일도 잘하고, 상사들에게 인정도 받고…. 직장 생활에 만족하는 듯해서 이직은 생각도 안 하실 줄 알았는데, 충격이었습니다. 사수가 떠난 빈자리에 남은 건 허탈한 마음뿐…. 그리고 '나도 이직해야 하는 거 아닌가?' 하는 고민이 생겼죠!

가끔씩 힘들 때면 회사를 때려 치고 싶었던 적은 있어도, 막상 이직을 준비해야겠다고 생각하니 어떻게 시작해야 할지, 무엇부터 준비해야 할지 모르겠어서 막막하기만 합니다. 인터넷에도 정보성 기사나 글만 많고, 이직을 체계적으로 가르쳐주는 내용은 본 적이 없어요. 지금부터 이직을 도전하려면, 무엇부터 어떻게 시작해야 할까요?

목적, 목표, 기간을 설정하라!

이직을 본격적으로 준비하기 전, 가장 먼저 생각할 것은 세 가지이다. 바로 목적, 목표, 기간이다.

대부분의 사람이 왜 이직하고 싶은지 뚜렷한 목적 없이, 어디에 가고 싶다는 목표 없이, 기간을 정하지 않고 이직을 준비한다. 그래서 이직을 준비하다가도 결과를 보기 전에 포기하거나 처음 기대한 것보다 낮은 보상을 받게 된다. 따라서 이직하고자 하는 목적이 무엇인지, 어느 자리로 이동하고 싶은지, 그리고 언제까지 이직을 준비할지 등을 정하는 것이 이직의 시작이다.

왜 이직하려고 하는가

제일 중요한 것은 이직하려는 목적이다. 일이 너무 많은가? 경력에 비해 적은 돈을 받고 있는가? 다른 분야의 경력을 쌓고 싶은가? 정확한 목적 없이, 단순히 현재 회사에 대한 불만만으로 이직에 도전하면 분명 후회하게 된다. 되돌릴 수 없는 결과로 인해 고민하다가, 새로운 조직 역시 떠나게 되는 경우가 대부분이다.

어디로, 어떻게 이직할 것인가

이직의 목적을 분명히 했다면, 이번에는 목적에 부합되는 목표를 정해야 한다. 대기업, 외국계 회사, 스타트업 기업 등 정확한 방향을 정하자. 직무 역시 세부적으로 정해야 한다. 신입이 아니니 할 수 있는 부분이다. 목표가 구체적이어야만 어떤 방법으로 새로운 직장을 찾고, 지원할지도 정해진다. 이직에는 지인 추천, 수시 채용 공고, 경력 공채, 헤드헌터 등 다양한 루트가 존재하는 만큼 자신이 원하는 일에 대한 정확한 이해가 우선되어야 한다.

언제 이직할 것인가

사실 이직할 시기는 내 마음대로 정할 수 있는 것이 아니다. 하지만 기간이나 대략적인 목표일을 정하고 준비를 해야 후회가 없다. 예를 들어 3개월 정도 회사 일을 하며 영어 점수를 천천히 준비한 다음 3개월 동안 바짝 이력서를 넣어보고 안 된다면 다음 기회를 노리겠다든지, 혹은 지금 회사에서 1년까지만 버틴 후 바로 이직하겠다든지 등 나름대로 기준이 있어야 한다. 그래야 지치지 않고 목표한 대로 갈 수 있다.

무슨 일이든 시작이 반이다. 이제 이직을 위해 첫 걸음을 뗐으니, 나머지 반만 채워 나가면 된다!

Q2

제 경쟁력을
어떻게 알 수 있나요?

■ 이직 고민 상담 코너

"죄송하지만 아쉽게도 이번에는 불합격하셨습니다."
"저희 회사와는 맞지 않는 분 같습니다."
"죄송합니다. 앞으로도 지속적인 관심 부탁드립니다."

고된 회사 일을 끝마치고 집으로 돌아와 이력서를 쓰고 고치기를
벌써 3개월째. 각기 다른 회사에 자기소개서와 경력기술서를 십
여 차례나 보냈지만 돌아오는 내용은 전부 탈락 메일이네요. 어
디가 부족한지 알아야 고치기라도 할 텐데….
저를 탈락시킨 기업 인사 담당자들을 붙잡고 제가 어디가 부족하
느냐고 물어보고 싶지만 그럴 순 없잖아요. 도대체 저는 왜 탈락
한 걸까요? 그냥 저보다 나은 사람이 더 많이 지원한 거겠죠?

프로 이직러의 한 줄 솔루션

경쟁력이란 상대에게 이기는 힘이다

불합격을 알리는 문자나 이메일을 받아 본 사람들은 알 것이다. 아쉬움과 허탈함이 밀려오고, 잠시 후에는 궁금증이 생긴다. 도대체 내가 탈락한 이유가 뭘까?

사실 궁금증을 정확히 해결하기란 거의 불가능하다. 지원자의 탈락 사유를 친절하고 자세히 이야기해주는 기업은 거의 없기 때문이다. 하지만 구직자의 입장에선 자신의 불합격 사유가 무엇인지 정확히 알아야 다음을 준비할 수 있다.

뭉뚱그려 '경쟁력 부족'이라고 자기합리화를 하다 보면 발전할 수 없다. 채용의 과정에서 이겨야 하는 상대는 같은 직무에 지원한 후보자 그룹이고, 그들과 차별돼 눈에 띄어야만 한다.

그렇다면 기업에서 바라는 경쟁력은 도대체 어떻게 확인할 수 있을까. 경쟁력이란 상대와 비교한 강점, 차별점, 특징, 차이 등 능력을 말한다. 자신의 능력을 스스로 체크해볼 수 있는 몇 가지 질문을 소개한다.

경쟁력을 확인할 수 있는 체크 리스트

회사의 소속, 직급, 직책 제외하고 한마디로 소개하면, 자신은 어떤 사람인가?

자신의 직무와 관련해 최근 가장 이슈되고 있는 주제어를 다섯 가지 이상 이야기한다면?

주변에 자신을 추천해줄 수 있는 지인이 몇 명이나 있는가?

현재 다니고 있는 회사보다 상위 등급의 회사를 꼽을 수 있는가?

최근 회사에서 다른 사람에게 자랑할 만한 성과를 낸 적이 있는가? 또 관련해서 정확한 지표가 있는가?

면접에서 자신의 직무상 강점을 무엇이라고 이야기할 것인가?

적어도 세 개 이상의 질문에 명확한 답변을 할 수 있어야 한다. 회사, 직급, 팀명이 더 이상 한 사람의 능력을 대변해주지 않는 시대이다. 자신의 이름 세 글자만으로 능력 있는 사람, 발이 넓은 사람, 일 처리가 빠른 사람 등 시장에서 '어떤 사람'으로 바로 떠올라야 한다. 즉, 다른 사람을 설득할 수 있는 '휴먼 브랜드'가 있어야 한다.

당신에게는 휴먼 브랜드가 있는가?

이직에도 타이밍이 있다던데, 그게 대체 언제인가요?

3년 차 직장인입니다. 김팀장님의 팟캐스트를 듣고 있으면 '지금 당장 이직해야겠다'는 생각이 들다가도, 바쁜 업무에 치이다 보면 어느새 잊게 됩니다. 그러다가 이직에 성공했다는 회사나 대학 동기들의 이야기가 들리면 조급해지고요.

남들에게 물어봐도 '3년 차일 때 빨리 옮겨야지'라는 사람도 있고, '직급을 달 때까지 5년 정도는 버텨봐'라는 사람도 있어서 더 헷갈려요. 언제가 바로 이직할 타이밍인가요?

자신의 감을 믿어라!

이직은 친구 따라 강남 가듯이 결정할 문제는 아니지만, 현재 직장에서 꿈도 없고, 미래도 보이지 않는데 아무 생각 없이 시간만 보내는 건 더욱더 안 될 일이다. 10시간, 20시간, 아니 며칠 내내 고민한다고 답이 나오는 문제도 아니기에 '이직 타이밍'은 직감적으로 따지고 결정해야 한다.

오래 생각하지 말고, 아래 물음에 바로바로 답해보자. 다음 중 당신에게 해당되는 문항은 몇 가지인가?

이직 타이밍 체크 리스트

상사의 말이 귀에 들어오지 않는다.

자신의 분야에서 칭찬을 받고 있다.

직장 내 자신의 업무에서 더 이상 새로운 기획은 없다고 느껴진다.

일주일에 3회 이상 새로운 자리에서 오퍼가 온다.

아침에 눈 뜨자마자 휴가 낼 궁리만 하는 날이 3일 이상 지속된다.

부하 직원들에게 더는 기대감이 생기지 않는다.

연봉 협상에서 3차례 이상 실패했다.

시장의 변화가 느껴지지 않는다.

인생에서 '성공'보다 더 중요한 의미를 찾고 싶다.

10년 뒤 미래를 생각하면, 지금보다 비전 있는 자리가 있다고 생각된다.

당신에게 해당되는 문항이 다섯 개 이상이라면 지금 속해 있는 조직에서의 미래를 심각하게 생각해봐야 한다. 현재 회사에 대한 기대가 없고, 다른 회사에 잘 적응할 만한 능력이 있기 때문이다.

회사나 조직을 떠나게 되는 이유가 딱 정해져 있는 것은 아니다. 다른 사람은 이해할 수 없는, 각자의 결정적인 이유가 존재하는 것 또한 사실이다. 따라서 이유보다 중요한 것은 '자신이 떠날 때'라는 직감이다.

분기별로 철저한 계획을 세워 움직이는 직장에서 일하는 사람조차 확실한 이직 타이밍을 잡기란 쉽지 않다. 따라서 평소 변화를 감지하는 민첩성이 반드시 필요하다. 외부의 시장 변화와 내부의 조직적 움직임을 살피며 자신의 위치를 민감하게 판단하고, 자신만의 플랜 B를 세우는 능력이다.

눈치 작전이나 사내 정치는 이제 큰 소용이 없다. 자신만의 소신 있는 '넥스트 플랜(Next Plan)'을 준비해야 한다. 이직 타이밍은 자신만이 정확하게 알 수 있다. 다른 누군가의 타이밍에 밀려 당신의 타이밍을 놓치지 않으려면, 회사 상황이나 트렌드 변화를 놓치지 않고 스스로 이직 시기를 계산해야 한다.

헤드헌터를 통해서만
좋은 자리로 이직할 수 있을까요?

4년 차 직장인입니다. 슬슬 이직을 준비하고 있는데요. 경력직은 신입처럼 공고를 보고 지원하는 게 아니라 헤드헌터 등을 통해 좋은 자리를 제안받아 가는 경우도 많다고 들었습니다. 그런데 실제로 헤드헌터를 통해 이직하는 사람들은 얼마나 되나요?

또, 헤드헌터를 통해 이직하는 게 커리어에 더 도움이 되거나 유리할까도 궁금합니다. 주변에 아는 헤드헌터가 없는 저 같은 사람은 어떻게 해야 하죠?

헤드헌터, 알아두면 도움이 된다!

이직 관련 강의를 하다 보면 헤드헌터에 대한 질문을 많이 받는다. '이직' 하면 떠오르는 단어 중 하나가 '헤드헌터'이지만, 아직 헤드헌터의 개념은 생소하기 때문이다. 무엇보다 헤드헌터를 통하면 더 좋은 조건으로 쉽게 이직할 수 있으리라는 기대감이 존재하는 듯하다.

그렇다면 헤드헌터를 꼭 만나야 할까? 모든 이직이 헤드헌터를 통해서 진행되지는 않지만 그 비율이 점점 더 높아지고 있는 것은 사실이다. 실제로 헤드헌터를 통하면 공개되지 않은 제안을 받을 수도 있고, 면접에서 필요한 팁을 얻을 수도 있다. 또한 요즘은 기업에서 공석이 날 때뿐 아니라 특별 직무 또는 그룹 채용 전체를 아예 헤드헌터 등 전문가 집단에 의뢰하는 경우도 있다. 따라서 자신과 맞는 헤드헌터를 커리어 파트너로 만들어놓으면 여러모로 유리하다.

그렇다면 본인에게 적합하고 유능한 헤드헌터를 어떻게 찾을 수 있을까? 지금부터 15년 동안 인사 담당자로서 수백 명의 헤드헌터와 업무적, 개인적으로 협업하며 알게 된 몇 가지 기술을 공유한다.

회사보다는 헤드헌터 개인을 봐라

세상에는 수천 개의 헤드헌터 회사가 존재한다. 각각의 회사가 어떤 강점과 경험을 가지고 있는지 파악하기란 매우 어렵다. 또한 이름만 번지르르할 뿐 큰 실적은 없는 회사도 많다. 헤드헌터 회사의 네임밸류나 대표의 경력만 믿고 선택해서는 안 된다. 중요한 것은 자신을 도와줄 실제 파트너의 실력과 신뢰도이다.

헤드헌터를 직접 만나보고 시작하라

일반적으로 헤드헌터를 만나는 방법은 헤드헌터가 '대기업 ○○ 경력', '외국계 ○○ 직무' 등 기업명을 밝히지 않고 올린 공고에 직접 지원하는 것, '사람인' 등 구직 사이트에 먼저 이력서를 등록해놓고 연락을 기다리는 것 등이 있다.

한두 번의 형식적인 메일과 전화로만 헤드헌터와 일을 시작해서는 안 된다. 소신을 가지고 일하는 헤드헌터들은 후보자를 직접 만나거나 구체적인 대화를 통해 클라이언트가 요청하는 조건에 실제로 부합하는지를 확인하곤 한다. 따라서 헤드헌터에게 일을 의뢰할 때도 한 번쯤은 시간을 내서 자신에게 맞는 직장과 직책을 제대로 소개해줄 수 있는지, 지금까지의 매칭 성사율은 얼마나 되는지, 자신이 속한 산업과 직무에 대한 이해가 있는지 등을 반드시 확인해야 한다.

몇 번 접촉해본 후 믿음이 가는 헤드헌터라면 자신의 상황을 솔직히 공유하고 고민을 상담해보는 것이 좋다. 실제로 좋은 헤드헌터는 지원자가 보내온 이력서와 자기소개서를 검토한 뒤, 회사에 맞춰 어떤 부분을 강조하거나 삭제하면 어떻겠냐고 제안해온다. 이때 지원자의 정보를 알면 알수록 조언이 쉬워진다.

또한 헤드헌터를 통해 제안받은 자리인데도, 마지막 과정에서 헤드헌터를 배제하고 이직할 회사와 연봉이나 조건 등을 직접 이야기하려는 경우를 보게 된다. 당장은 협상이 유리하게 이루어질 수도 있으나, 채용·이직 시장에서 믿을 수 없는 후보자로 낙인될 확률이 크다. 헤드헌터들은 기업에 좀 더 적합한 사람을 추천하기 위해 자신들의 이력서 DB를 공유하고 소통하기 때문이다.

'평생 이직의 시대'에 믿을 만한 헤드헌터와의 관계를 지속하는 것은 정말 중요한 일이다. 당장 이직 의사가 없어도, 가끔씩 만나 업계 이야기를 공유하고 이직 시장의 분위기를 들어보는 시간을 만들자. 몸값을 높이고, 또 다른 이직을 계획하는 데 많은 도움이 된다. 사람과의 관계는 노력을 들이는 만큼 지속됨을 잊어서는 안 된다.

가끔 헤드헌터가 후보자 추천이나 산업·회사 관련 정보를 요청해오는 경우가 있다. 이럴 때 무조건 모르겠다고 거절하기보다는 자신이 알고 있고, 공개 가능한 범위 내에서 헤드헌터를 도와주자. 상대가 필요할 때 정확한 정보를 주는 것만큼 강한 신뢰감을 형성하는 방법은 없다.

헤드헌터도 사람이고, 사람과 사람 사이에서 제일 중요한 것은 신뢰이다. 신뢰가 무너지면 어떠한 관계도 지속되거나 발전하기 어렵다. 서로 재가면서 최고의 이득을 보려고 하기보다는, 지속적으로 도움이 되는 파트너 관계를 맺는다고 생각하며 접근하는 편이 좋다.

> ### ☝️TIP
>
> #### 헤드헌터 찾는 방법은?
>
> 어떻게 하면 신뢰할 만한 헤드헌터를 빠르게 찾을 수 있을까? 아래 몇 가지 방법을 활용해보자! 시작하기는 어렵겠지만 한두 번 직접 커뮤니케이션을 하다 보면 경험과 노하우가 쌓이게 된다. 중요한 것은 언제나 시작이다.
>
> ❶ 헤드헌터들이 많이 보는 사이트에 경력 이력서를 공유한다(예: '피플앤잡' 등).
> ❷ 커리어 관련 SNS을 적극적으로 활용한다(예: '링크드인', '리멤버 커리어' 등).
> ❸ 주변 지인, 특히 인사 담당자들에게 물어본다. 좋은 헤드헌터를 아는 사람이 1명 이상은 꼭 있다.

커리어를 쌓고 싶다면,
어떤 SNS를 하는 게 좋을까요?

요즘에는 SNS 관리도 능력이라는 얘기를 많이 들었습니다! 근데 저는 그냥 친구들과 일상을 공유하는 계정밖에 없거든요. 또 막상 SNS를 제대로 시작하려니 어떻게 해야 할지도 모르겠고, 개인 개정인데 업무용으로 쓰인다는 것도 거부감이 들어요. 그래도 역시 이직을 위해서는 SNS가 필요할까요?
또 이왕 시작할 거면 제일 효과적인 SNS를 집중적으로 해보고 싶은데, 추천해주세요!

링크드인은 필수다!

현대 직장인들에게 소셜 네트워킹은 제일 중요한 역량 중 하나다. 직장 내에서의 성공 요소일 뿐 아니라 직장 밖, 특히 이직 시장에서도 핵심 자산이 된 지 오래다. 심지어 얼마나 많은 인맥을 보유했느냐가 그 사람의 실력처럼 여겨지는 시대가 됐다.

따라서 인맥을 넓히고, 자신의 직무·산업 분야 전문가들과 연결되기 위해 대학원에 가거나 오프라인 모임에 꼬박꼬박 참석하는 등 노력하는 사람이 많다. 하지만 오프라인에서 이런 인맥을 만드는 데는 상당한 시간과 노력이 필요하다.

상대적으로 시간이 덜 들고, 인맥을 쉽게 만들 수 있는 방법이 바로 SNS에서 활동하며 자신만의 소셜 파워를 키우는 것이다. 많은 SNS가 있지만 특히 이직을 목표로 한다면 '링크드인'을 추천한다. 일상 게시물과 구분해 커리어 관련 콘텐츠로만 채울 수 있다는 점도 매력적이다.

'링크드인'은 구인구직과 SNS 기능을 합쳐놓은 사이트로, 직장인이라면 대부분 그 이름을 한 번씩은 들어봤을 것이다. 하지만 링크드인을 잘 활용하는 사람은 사실 많지 않다. 계정을 만들어만 놓고 어렵다며 방치하거나, 개인 정보 몇 가지만 기입해두고 다른 사람의 연락을 기다리는 것에 그치는 경우가 다반사다.

하지만 링크드인을 초기부터 쭉 사용해온 사람으로서, 링크드인만큼 소셜 네트워크 형성에 최적화된 SNS는 없다고 생각한다. 실제로 나는 링크드인을 통해 현재 3만 명이 넘는 사람들과 연결되어 있고, 다양한 콘텐츠를 공유하며 또 다른 연결을 만들고 있다. 다양한 포지션으로 이직 제의를 받고 스카우트된 것도 링크드인을 통해서만 가능한 일이었다. 실제로 수많은 인사 담당자와 헤드헌터가 링크드인에서 인재를 찾고 있다.

그렇다면 어떻게 하면 링크드인을 통해 네트워크를 넓히고, 이직에 제대로 활용할 수 있는지 공유한다.

프로필을 꼼꼼하게 작성하라

우선 링크드인 내 프로필을 완벽하게 만들어야 한다. 사진, 학력, 경력 사항 등을 각각 항목별로 자세하게 작성하는 과정이 필요하다. 자격증, 교육 이수 사항, 커뮤니티 활동 등 추가할 내용이 생기면 미루지 말고 바로바로 업데이트하자.

주기적으로 사용하면서 넓혀가라

처음에는 매일매일 링크드인에 들어가서 자신에게 들어온 '1촌(링크드인의 친구 기능)' 요청을 확인하고, 관심 있는 사람에게 먼저 1촌 신청도 보내면서 하루 1시간 이상씩 사용하는 것이 좋다. 처음에는 성장세가 더디겠지만, 겹지인이 많아질수록 인맥

쌓기가 쉬워질 것이다. 개인적으로는 1촌이 7천 명이 된 후부터 하루에 많게는 수십 명에게 1촌 요청이 들어오곤 했다. 주기적이고 지속으로 사용하는 것이 핵심이다.

자신만의 콘텐츠를 구축하라

단순한 지인 네트워크는 오래가지 못한다. 서로 주고받을 수 있는 '알맹이'가 존재해야 진짜 인맥이 된다. 전문가로서 브랜딩 하기 위한 제일 효과적인 방법은 자신이 잘 알고 있는 내용을 콘텐츠로 만들어 공유하는 것이다. 특정 분야의 정보나 의견, 자신이 속한 직무·산업 트렌드 등 자신에게 도움되는 콘텐츠가 있어야 사람들이 주기적으로 당신의 페이지를 찾게 된다.

다른 SNS와 연결해서 확장하라

링크드인 외에 주로 사용하는 SNS 즉, 페이스북, 인스타그램, 밴드, 카카오톡 등이 있다면, 그곳에도 자신의 링크드인 페이지를 공개하자. 또한 주기적으로 링크드인에 올린 콘텐츠를 공유해 다른 SNS의 인사 담당자, 업계 관계자 역시 당신에게 관심을 가질 수 있도록 유도해야 한다.

오프라인까지 연결하고 강화하라

SNS에서의 연결과 만남은 어쩔 수 없이 가벼운 관계 중 하나로

그치는 경우가 많다. 따라서 꼭 친해지고 싶은 사람이 있다면 개인적으로 만나든, 단체 모임에 참가하든 오프라인에서도 인연을 맺으려는 노력이 필요하다. 그래야 관계도 오래 가고, 실질적인 도움이 된다. 개인적인 만남이 부담된다면 해당 분야의 커뮤니티에 들어가는 것도 전략 중 하나이다.

현대 사회에서 SNS로 자신을 돋보이게 만들어 경쟁력을 키우는 것은 숙명에 가깝다. 이왕이면 전문가가 되어보자. 단, SNS를 추천하는 이유는 결국 사람과 연결되기 위해서이다. 누군가와 연결된 이후 얼마나 진정성 있게 관계를 유지하는지가 중요하다. 아무리 힘있고 유명한 사람들과 네트워크되어 있다 해도, 직접적인 소통이나 대화가 가능하지 않다면 그것은 형식적인 관계에 가깝고, 쓸모도 없다.

이직 준비는 재직 중 vs 퇴사 후
어느 편이 더 유리할까요?

다른 회사로 이직한 선배가 이직은 재직 시절에 해야 한다고 합니다. 다니는 곳이 있으면 상대적으로 덜 조급해지니 연봉 협상을 할 때도 유리하다고요. 확실히 소속이 없으면 왠지 갈 곳 없는 사람처럼 보일 것도 같고, 또 퇴사하고 이직 준비를 했다가 바로 취업이 안 될까 봐 걱정도 됩니다.

근데 막상 회사 생활을 하면서 이직 준비를 하려니 마음처럼 되지 않아요. 시간도 없고, 집에 돌아오면 자기 바쁘고…. 사람들을 만나야 정보도 얻고 할 텐데, 정말 쉽지가 않더라고요. 또 장기 프로젝트를 맡는 편이라, 한번 시작하면 빠지기도 곤란해서 번번이 기회를 놓치기도 합니다. 차라리 퇴사하고 마음 편하게 이직 준비를 하는 게 정답일까요?

퇴사만이 능사는 아니다

퇴사가 이직의 선결 조건은 절대 아니다. 사실 대부분의 직장인에게 퇴사란 이직이 결정된 이후, 현재 다니는 회사와 풀어야 하는 숙제에 가깝다. 다만 아래 몇 가지 사항을 고려해 먼저 퇴사하고 이직에 집중할지, 혹은 회사를 계속 다니며 꾸준히 이직을 준비할지를 결정하자.

최종 면접까지 합격한 경우, 남은 과정은 연봉과 입사일 확정이다. 짐작했겠지만 협상은 둘 다 재직 상태일 때 좀 더 유리하다. 현재 다니는 회사가 기준이 되기 때문이다. 또한 '이 회사에 꼭 가야 한다'는 조바심을 느끼며 기준 이하의 협상을 하게 될 확률도 적다.

재직 중이라면 입사일 역시 보통 '한달 후'로 잡게 된다. 하지만 현재 쉬는 중이라면, 기업은 당장 출근해달라고 요구하는 경우가 많다. 입사가 확정된 후, 다른 곳의 결과를 기다리거나 여행 등 개인 일정을 고려하는 경우에도 재직 중일 때 더 협상하기 쉽다.

회사 경영 상황이 나쁘다거나 인력 감축, 구조조정 등 불안한 요소가 있는 경우라면 차라리 퇴직 후 이직을 준비하는 것이 유리할 수 있다. 자발적인 퇴사와 이직임에도 구조조정의 대상으로 여겨질 수 있기 때문이다. 또한 마치 회사가 어려워지니 도망치듯 나온 사람처럼 비춰져 이직 과정에서 불리하게 작용될 수도 있다.

간혹 '안 되면 말고' 하는 단순한 생각으로 이직을 준비하는 이들이 있다. 이직에 성공하든 아니든 '무조건 퇴사한다'는 결심을 했을 때보다 집중하기 힘들기 때문에 결과도 좋지 않고, 현재 회사에서의 실적도 나빠진다. 자신의 목표를 정확히 알지 못하는 상태이기 때문에 제대로 따져보지 않고 충동적으로 이직을 결정하기도 한다. 이직 후 '폭풍후회'를 하지 않으려면 퇴사에 대한 마음 결정을 굳힌 후 시작해야 한다. 물론 피치 못할 이유로 이직에 실패했을 때, 회사를 반드시 그만둬야 한다는 뜻은 아니다. 그건 그때 가서 생각해도 될 일이다. 중간에 되돌릴 수 없는 일임을 반드시 알고 출발하라는 뜻이다.

퇴사를 해야만 끝은 아니다. 깔끔하게 퇴사하고 다시 시작하고 싶을 수도 있지만, 퇴사만이 답은 아니니 현재 상황을 제대로 분석하고 결정하자.

경력이 짧은데,
경력직 이직 vs 경력직 신입?

저는 첫 직장에 입사해 8개월째 일하고 있는 신입입니다. 회사가 원하던 것과는 달라서 이직을 하려고 하는데요, 경력이 짧아 어떤 전형에 넣어야 할지 고민입니다. 경력직으로 이직하는 게 좋을까요, 아니면 다시 신입으로 지원하는 게 좋을까요?

경력직으로 지원하자니 다른 사람과의 경쟁에서 밀릴 것 같고, 그렇다고 아예 신입으로 지원하자니 지금껏 일한 시간이 아까워요. 저 같은 사람은 경력직과 신입 중 어디에 지원하는 게 나을지 궁금합니다.

기간보다는 이유가 중요하다

1년 미만의 직장 경험을 가진 경우, 경력직으로서 이직을 준비할지 아니면 일명 '경력직 신입'으로 다시 취업할지에 대한 고민이 많다. 또한 전체 경력은 3년가량 되지만, 그 기간 동안 여러 번 이직한 탓에 각각의 회사를 다닌 기간은 짧다고 걱정하는 분들도 많았다.

예전에는 3년 미만의 경력은 신입과 거의 동일시하는 경향이 있었다. 그래서 2년 차 경력직들이 아예 대기업 신입 공채로 새롭게 도전하는 경우도 빈번했다. 하지만 요즘은 많이 달라져 상황에 따라 짧은 경력 역시 제대로 인정받기도 한다. 그렇다면 어느 쪽으로 지원하는 것이 당신에게 더 유리할까?

경력 기간보다 성과가 중요하다

짧더라도 경력 기간을 인정하는 이유는 과거 조직에서 그만큼 성과를 냈으며, 새로운 회사에 입사해서도 그 이상의 몫을 하리라는 기대가 있기 때문이다. 따라서 중요한 것은 단순히 '회사에서 일한 경력이 있다'가 아니라 '그 기간 동안 어떠한 성과를 만들어냈느냐'이다. 마찬가지로, 한 회사에서 아무리 오랜 시간 근무했다 하더라도 이렇다 할 성과가 없다면 평가는 좋지 않다.

경력직을 신입보다 선호하는 이유는 해당 분야에서의 전문성이 검증되었기 때문이다. 전문성을 검증할 수 있는 가장 확실한 방법은 '역할 확인'이다. 해당 조직이나 프로젝트에서 어떠한 역할을 맡았는지 상세히 기술할 수 있다면, 짧은 경력이라도 제대로 인정받을 수 있다.

퇴사는 할 수 있다. 퇴사했으니 이직도 할 수 있는 것이다. 하지만 중요한 것은 '왜 그 회사를 퇴사했느냐', '왜 몇 번이나 이직했느냐', '왜 중간에 직종을 바꾸었느냐' 등이다. 그 이유나 목적이 명확하다면 일한 기간은 큰 문제가 되지 않는다. 인사 담당자가 공감할 수 있도록 가능한 '명확해 보이는' 이유를 찾고, 써넣어 모두를 설득할 수 있어야 한다.

중요한 것은 스스로에 대한 확신이다. 자신이 해온 일들을 스스로 증명하고, 설명할 수 있다면 경력은 인정된다.

회사를
그만둬도 될까요?

20대 후반의, 이제 경력이 1년 갓 넘은 직장인입니다. 오랜 취업 준비 끝에, 감격스럽게도 대기업에 입사하며 드디어 취준생이라는 타이틀을 벗어났습니다. 그런데 이제 회사 가기가 싫은 저, 사치를 부리고 있는 걸까요?

제가 고민을 털어놓으면 남들은 어렵게 입사한 직장인데 복에 겨워서 하는 말이라고 하네요. 사실 주변인, 가족, 친구들을 생각하면 퇴사는 생각도 할 수 없지만, 솔직한 심정으로는 회사에 가는 것만으로 숨이 턱턱 막혀요. 실적 압박이 너무 심하고, 계속되는 경쟁에 밤에 잠도 못 자겠어요.

맞지 않는 옷을 입고 하루하루 버티는 것 같다고나 할까요? 생각했던 일과 너무나 다른 현실에 좌절이 큽니다. 그렇다고 딱히 미래가 보장된 것도 아닌데 그만두기에는 불안하고요. 회사를 그만둬도 될까요?

회사를 그만두고 싶은 이유가 무엇인지 생각해라

회사를 그만두는 데 있어 연차는 더 이상 의미가 없다. 다만 퇴사 후 개인 사업이 아니라 다시 조직 생활을 할 생각이라면 몇 가지를 스스로에게 질문하고 답을 내려야 후회가 없다. 우선 왜 그만두려 하는지에 대한 확신이 필요하다. 단순히 누군가가 싫어서, 일하기가 지겨워서는 이유가 되지 않는다.

회사가 싫어서 떠나는 것이 아니라 '사람이 싫어서 떠난다'는 말이 있다. 정말 그렇다. 많은 사람이 퇴사의 이유로 '일'을 대지만, 사실 함께 일하는 사람이 실제 원인인 경우가 많다. 문제는 어떠한 조직에든 '싫은 사람'이 생긴다는 것이다. 조직이고, 사회이기 때문이다.

시행착오를 반복하지 않으려면 다음 회사를 선택하는 데 명확한 기준이 있어야 한다. 기준을 생각해보지 않고, 무턱대고 이직할 곳을 찾다가는 시간만 버리게 된다. 현재 퇴사할 조직에서 특히 아쉬웠던 점(복지, 연봉, 사내문화, 업무량 등)이나 퇴사에 가장 크

게 작용한 이유를 기준으로 확실한 선택 조건을 세워야 후회가
없다.

현재 다니는 회사를 그만두고 가고 싶은 회사, 원하는 직무, 새
롭게 시작할 일들을 명확하게 정해야 한다. '그냥 쉬면서 생각해
야지'라는 식은 위험하다. 커리어의 단절 기간이 너무 길거나 명
확한 사유가 없을 경우, 새로운 회사에서는 채용을 주저하게 된
다. 따라서 당장 명확한 목표가 없다면, 지금을 '목표를 만드는 시
간'으로 생각하며 조금만 더 버텨보자.

회사에서는 같은 '일'을 지속적으로 하게 된다. 일이 싫으면 사
람도 싫고, 회사 문화도 싫고, 출근도 짜증 난다. 따라서 진짜 자
신이 하고 싶은 일이 무엇인지 정의해야 한다. 이건 본인만 할 수
있는 일이다. 인사, 전략, 재무, 마케팅 등 입사지원서에 쓰는 일
반적인 단어 대신 자신이 십여 년 이상 꾸준히 할 수 있는 일이 무
엇인지 구체적으로 명시할 수 있어야 한다.

특히 지금 하는 일에는 비전이 없다고 판단해 새로운 일에 도
전하는 경우가 있다. 지금보다 나은 회사라든가 수요가 많다는
등의 이유로 큰 고민 없이 무턱대고 직무를 바꾸는 일은 기존 경

력에도 마이너스 요소로 작용할 확률이 높으니 특히 조심해야 한다. 이 경우, 오히려 회사 내부의 직무 전환 제도 등의 프로그램을 활용하는 것이 더 유리할 수 있다.

모든 일이 한꺼번에 겹쳐서 올바르게 판단하기 어려워질 때가 있다. 퇴사도 마찬가지이다. 한 가지가 아닌 여러 이유가 겹치면 각각은 아무리 작은 원인들이라도 바로 떠나고 싶어진다. 따라서 일단 휴가나 휴직 등의 제도를 활용해 잠깐 쉬면서 자신만의 시간을 충분히 가져보자. 그래도 퇴사에 대한 결심이 더욱 굳어진다면 그때 퇴사해도 충분하다.

퇴사는 생존과 연관된 중요한 문제이므로, 무턱대고 그만두기보다는 스스로 확신하고, 정확한 목적이 있어야 한다. 퇴사는 당장 오늘도 할 수 있다. 멈추고 스스로 돌아본 후 결정해도 늦지 않다.

회사가 너무 바쁜데
이직할 수 있을까요?

30대 직장인입니다. 입사하고 1년 동안은 정말 정신없이, 시키는
대로 일을 쳐냈어요. 아침부터 밤늦게까지 '일하고 혼나고 일하
고'를 반복했었죠.

그렇게 한 해 두 해 가고 벌써 직장 생활 4년 차! 이제는 일도 익
숙하고, 회사에 아는 사람들도 많이 생겨서 편하지만 회사는 재
미 없어진 지 오래고, 무엇보다 제가 발전하고 있는지 모르겠어
요. 같이 입사했던 동기들은 이미 이직해서 더 좋은 직장에서 자
리 잡았는데, 저만 뒤떨어진 느낌도 들어 이직을 희망하게 됐습
니다.

근데 중요한 건 시간이 없다는 겁니! 이직 준비를 하려고 해도
시간이 있어야 할 텐데, 회사 일이 너무 바빠서 잠잘 시간도 부족
합니다. 심지어 주말 출근을 할 때도 많아요. 이러다가 회사에 계
속 눌러앉게 될 것 같네요. 대체 사람들은 언제 이직 준비를 하
는 거죠?

꾸준한 준비가 필요하다

하루아침에 이루어지는 일이 어디 있겠는가. 이직도 마찬가지로, 운이 좋아서 좋은 기회가 오더라도 준비되어 있지 않다면 그대로 놓칠 수밖에 없다. 따라서 이직에 뜻이 있다면, 평소에 사소하지만 지속적인 준비와 실천이 중요하다. 아무리 바빠도 기필코 이직을 하겠다는 분들에게, 적은 시간이라도 꾸준히 투자하면 효과를 볼 수 있는 몇 가지 방법을 공유하고자 한다.

구인구직을 위한 SNS인 '링크드인'을 모르는 직장인은 이제 없을 것이다. 하지만 링크드인을 제대로 사용하는 사람은 얼마 되지 않는다. 꼭 링크드인이 아니더라도, SNS에 업계나 자신의 직무, 하는 일과 관련된 내용을 짬을 내서 업데이트하자. 커리어 전문성과 능력, 기술, 비전 등을 담은 콘텐츠로 자신을 알려야 한다. 처음에는 다른 사람의 글과 영상, 오디오 등에 자신의 생각을 덧붙이는 형태면 쉽다.

보고 싶은 콘텐츠만 모아 보는 시대이다. 따라서 채용과 이직 역시 유튜브, 직무 관련 채용 사이트, 일반 채용 사이트 등에서 자신이 희망하는 기업들만 골라 구독해놓으면 최신 정보가 지속적으로 유입되는 구조를 만들 수 있다. 특히 꼭 가고 싶은 특정 기업이 있다면 정보가 주기적으로 업데이트되도록 만드는 것이 필수다. 그래야 타이밍을 놓치지 않는다. 한 번 시간을 내서 정리해놓으면, 평소에는 확인만 하면 되니 편하다. 또한 '원티드' 등 지인 추천 방식의 독특한 채용 사이트도 있으니 등록 후 상황을 지켜보는 것도 좋다.

주변에서 나를 위해 일할 사람들을 만들게 하라

돈 잘 버는 사람들을 보면 그 사람을 위해 일하는 사람이 많다는 특징을 알 수 있다. 내가 잠깐 쉬고 있어도, 누군가는 날 위해서 일하고 있는 구조를 짜는 것이 중요하다.

마찬가지로 내가 쉬지 못하는 상황에서도 나를 추천하고, 나의 자리를 찾아주고, 나에게 업계 관련 정보를 알려주는 구조를 만들어봐야 한다. 헤드헌터, 관련 분야 지인, 주변 인사 담당자, 대학원 동기, 페이스북 친구, 주말 전문가 모임 등에 평소에도 일에 욕심이 많고, 이직할 의사가 있음을 적극적으로 알리자. 네트워크를 만들어봐야 기회가 온다.

갈수록 일자리는 줄어들고, 경쟁은 심해지고 있다. 뽑는 곳은 없는데 후보자만 기하급수적으로 늘고 있는 상황이다. 인기 있는 회사는 지원자를 오래 모집하는 대신 빨리 지원하거나 추천받은 후보자 안에서 면접 대상을 선별하는 데 집중하고 있다. 타이밍이 중요하다.

경력 이직자들이 알아 두면 좋을 몇 가지 구직 사이트를 공유한다. 각 사이트마다 특징이 있으니, 자신에게 적합한 곳을 중점적으로 살펴보자.

원티드(www.wanted.co.kr): 지인 추천 기반 플랫폼, 특히 개발 직군의 채용이 활발하다.

리멤버 커리어(career.rememberapp.co.kr): 기존의 '명함 앱'에서 추가적으로 서비스하는 경력직 인재 검색 서비스. 직장인 네트워크를 기반으로, 최근에는 헤드헌팅 및 인재 추천 서비스가 활발히 진행되고 있다.

피플앤잡(www.peoplenjob.com): 경력직 대상 구인 사이트로, 외국계 채용이 다수 진행되고 있다.

이직 컨설팅이
도움이 될까요?

얼마 전 친한 선배를 만났는데, 자기는 도움이 많이 됐다며 저에게 이직 컨설팅을 추천하더라고요.

막상 이직을 준비하려니 저도 막막함이 커져서, 선배가 추천한 이직 컨설팅을 받아 볼까 고민하고 있습니다. 첫 취업 때는 아무것도 모르는 상황이니 컨설팅이 서류 작성부터 면접까지 나름 효과가 있었는데, 이직 컨설팅은 생소하기도 하고, 구체적으로 어떤 효과가 있는지 궁금합니다. 이직 컨설팅이 과연 이직에 큰 도움이 될까요?

시간을 투자하는 만큼 얻어갈 수 있다

모든 컨설팅이 도움 되는 것은 아니다. 다만 무엇을 새롭게 시작할 때, 너무 막막하거나 무엇부터 해야 할지 도무지 모르겠다면, 초기 단계에서 전문가의 도움을 받는 편이 효과적이다.

따라서 모든 이직 과정을 대신 해결해주리라는 기대감은 버리고 이직을 어디서부터 시작해야 할지, 어떤 부분에 집중할지 계획을 세우는 것을 목표로 삼는다면 이직 컨설팅은 분명히 도움이 된다. 다만 컨설팅을 받기 전, 미리 몇 가지를 준비해 가면 훨씬 효과적이다.

목표가 구체적이어야 컨설턴트와도 좋은 의견을 나눌 수 있다. 이직을 생각하고 있다면 적어도 자신이 가고 싶은 회사 한두 개 정도는 있을 것이다. 대략적인 목표는 있어야 컨설턴트가 비슷한 회사를 추천해주거나 다른 제안을 할 수 있다.

물론 잘 몰라서 컨설팅을 받는 거라고 이야기할 수도 있다. 하지만 희망하는 회사마저 없다면 상담 내내 겉도는 이야기만 주고받게 될 확률이 높다. 컨설팅 시작 전, 자신이 왜 이직하고 싶은지를 정리하다 보면 자연스럽게 희망 회사들이 떠오를 것이다.

무엇이든 '주도성'이 중요하다. 컨설팅 자리에서는 상대적으로 컨설턴트가 이야기를 이끌어갈 수밖에 없다. 따라서 컨설팅으로 가능한 한 큰 효과를 보려면 먼저 자신이 궁금한 리스트, 추천받고 싶은 회사 또는 산업군, 이직 시 필요한 서류, 서류 전형 및 면접에서 유의해야 할 부분 등 특히 궁금하거나 약한 부분을 만나기 전 미리 알리는 편이 좋다. 내담자가 주도적일 경우, 컨설턴트는 더욱 적극적인 자세로 컨설팅 과정에 임하게 된다.

'속전속결의 원칙'이 여기서는 적용되지 않는다. 답답한 마음이야 충분히 이해가 가지만, 그렇다고 한 번 만날 때마다 한꺼번에 몇 시간씩 컨설팅을 받는 건 구직자에게 오히려 손해다. 한 번에 모든 것을 해결하려 하지 말고, 2~3번으로 나눠서 컨설팅받는 것을 추천한다. 그래야 각 상담 과정 후에 자신이 새롭게 알게 된 부분, 깨닫게 된 부분, 준비해야 할 사항을 정리할 수 있으며, 다음번에 어떤 내용을 더 질문하고 답을 구해야 할지 알게 된다. 컨설턴트 또한 지원자에게 필요한 정보를 새롭게 준비해올 시간이 생긴다.

서로의 귀한 시간을 낭비하지 않고, 제대로 사용할 수 있는 방법 중 하나는 솔직함이다. 현재 구직 상황이나 궁금증을 솔직하게 말하면, 자신의 부족함이 드러날까 봐 걱정하며 숨기는 경우가 있다. 하지만 컨설팅은 당신에 대한 평가를 내리거나 입사를 결정하는 자리가 아니다. 자신의 커리어와 관련한 기대사항, 꺼려지는 부분, 희망 처우 등을 솔직히 밝혀야 그에 맞는 해결책이 나온다.

'가는 말이 고와야 오는 말이 곱다'는 말처럼, 컨설팅은 많이 준비해갈수록 얻을 것도 많다. 정보는 절대 그냥 주어지지 않는다. 준비한 대로 얻는다!

3번이나 이직했는데,
또 이직해도 괜찮을까요?

저는 3번이나 이직을 한 9년 차 경력자입니다. 얼마 전 지인을 통해 새로운 회사를 추천받았는데, 조건이나 근무 환경이 지금보다 훨씬 좋습니다. 하지만 현재 회사로 옮긴 지 채 1년도 안 됐는데, 이직을 하는 것이 맞을지 불안합니다. 또한 총경력 10년도 안 되어 4번이나 이직하는 건데, 혹시 다음에 또 회사를 옮겨야 할 경우 불이익을 받는 건 아닐까요? 그 생각을 하면 걱정돼서 이러지도 저러지도 못하겠어요!

회사는 바꾸되, 목표는 일관적으로!

이직은 철저히 본인의 선택이다. 주변에서 조언하는 이들이 많겠지만 철저하게 개인이 판단하고 결정해야 한다. 그래야 후회도 없고, 실패하더라도 배울 것이 생긴다. 아무런 고민 없이 기회다 싶으면 옮기는 방식으로는 어느 순간 경력이 멈출 수밖에 없다.

불과 몇 년 전까지만 해도 잦은 이직은 지원자들을 괴롭히는 단골 문제였다. 서류 합격조차 쉽지 않았고, 면접을 본다고 해도 '무슨 일로 그만두었냐?', '이직한 회사에서는 어떻게 적응했냐', '입사하고 비슷한 상황에서 또 그만둔다고 하는 거 아니냐' 등 여러 가지 질문으로 지원자를 당황스럽게 하곤 했다. 지금은 상황이 조금 달라지긴 했지만, 여전히 잦은 이직 경험이 있다면 몇 가지 대응 전략을 갖춰야 한다.

회사를 계속해서 옮기는 자체가 목표인 사람은 없을 것이다. 이직은 자신의 최종 목표를 이루기 위한 과정이다. 회사를 여러 번 옮길 수는 있어도, 목표가 계속 바뀌는 듯이 보이면 사람 자체에 대한 신뢰가 떨어진다. 따라서 어느 회사에 지원했든 목표는 하나이고, 일관되어야 한다.

예를 들어 '최고의 인사 전문가'가 되기 위해 더 나은 기회를 찾은 것은 이해할 수 있지만, 인사팀에서 물류팀으로, 영업팀으로, 다시 인사팀으로 옮긴 경력이라면 면접관이 추가 이유를 물어볼 수밖에 없다. 중간에 목표가 바뀌거나 변경될 경우, 계속되는 이직이 합격에 불리한 사유가 될 수 있으니 반드시 유념하고 직장을 옮기자.

경력 단절의 이유는 다양하게

이직 면접에서 주로 물어보는 질문 중 하나는 '공백 기간'이다. 회사를 다닌 기간이 어중간할 경우 관련 내용을 아예 생략하기도 하는데, 회사와 회사 사이에 공백이 존재하는 경우 왜 그런지, 그 기간에 무엇을 했는지 등 단절된 기간에 대한 내용을 꼬치꼬치 물어본다. 시험 준비 등 전체 경력과 다른 이유의 단절일 경우, 마이너스 요소로 작용되기도 한다.

물론 건강상 이유나 가족 관련 사항 등 모두에게 공감되는 사안일 경우 충분히 이해받고 넘어갈 수 있으나 그 기간이 너무 길 경우에는 제대로 답을 할 수 있도록 어떤 성과를 만들어놓는 편이 좋다.

오로지 돈 때문처럼은 보이지 않도록

경력자들에게 이직은 연봉 인상을 위한 최고의 수단이다. 물론 소속 회사에서도 연봉 협상, 우수 인재 발탁, 특진 등 몸값을 올릴 기회는 있지만, 현실에서는 이직을 통해 연봉을 높이는 경우가 대부분이다. 하지만 연봉 인상이 이직의 표면적인 목표나 절대적 희망 사항으로 비칠 경우, 인사 담당자들에겐 마이너스 요인이 된다.

특히 임원이나 고위직의 경우, 해당 직책에 주어지는 위험도를 회사가 인정하고 높은 연봉으로 대우하는 것이다. 따라서 연봉은 따라오는 결과이지 본인이 희망한 대로 맞춰지는 것은 아니다. 결과를 먼저 내세울 경우 상대는 거부감이 생기고, 진실성을 의심하게 된다.

다섯 번 이상이라고 하니, 5라는 숫자에 엄청난 의미가 있는 것처럼 보일 수 있다. 사실 숫자 자체가 중요한 것이 아니라 여러 번의 이직은 결코 좋지 않다는 뜻이다.

15년 차 직장인으로서 개인의 경험담을 이야기하자면, 물론 많은 이유가 있었으나 이직을 다섯 번 한 이후부터 근속 기간이 매우 짧아지기 시작했다. 또한 이직의 기회는 줄고, 딱 맞는 포지션을 찾기도 힘들어졌다.

이직은 꼭 필요하지만, 기회가 있을 때마다 무턱대고 회사를 옮기기보다는 자신의 득과 실을 잘 따져보고 움직여야 한다.

이직에도 관리가 필요하다. 무분별한 이직은 본인과 주변 모두에 해가 될 수밖에 없다. 자신에게 다시 물어라. 당신이 이직하려는 이유는 무엇인가?

새로운 분야에서 신입으로
다시 도전하고 싶습니다

얼마 전 신입사원의 딱지를 뗀 2년 차 경력직입니다. 이제 좀 회
사 생활에 익숙해지는 것 같은데, 고민이 생겼어요. 이 이야기를
들으면 부모님 걱정은 안 하냐느니 하실 수도 있겠지만, 현재 직
장을 그만두고 새로운 분야에 도전해보고 싶습니다. 지금 일은
하면 할수록 적성에 맞지 않는 데다가 뒤늦게야 하고 싶은 일이
생겼거든요.

학교나 인생 선배들에게 물어봤더니 어차피 일은 다 비슷하니
회사를 바꾸면 좀 나아질 거라며 좀만 더 버티다가 이직하라는
사람이 반, 당장 그만두고 새로운 분야에 도전하라는 사람이 반
이네요. 전 그냥 제가 원하는 회사에서 하고 싶은 일을 해보고 싶
습니다. 그럴 수 있다면 경력이 아닌 신입이어도 상관없습니다.
괜찮을까요?

다시 시작해도 좋다!

"결론부터 이야기하면 다시 시작하세요! 부모님께는 죄송하지만 다시 성공하는 모습을 보여드리겠다고 하면 됩니다. 자신의 SNS에도 새로운 도전을 홍보하고 응원해달라고 하세요. 꼭 하고 싶다면 그렇게 하셔야 합니다. 인생은 소중하고, 길지 않으니까요.

저라도 그렇게 했을 겁니다. 사연자 분보다 조금 먼저 직장 생활을 시작하고, 세 번이나 창업한 선배로서 느낀 점은 '하고 싶은 건 해야 한다'는 사실입니다. 그건 직접 겪어본 사람만이 얻는 교훈이죠. 따라서 신입사원으로라도 새로운 도전을 시작하셔야 합니다."

고민 상담을 받았을 때, 메일로 위와 같은 답변을 보냈다. 아마도 꿈 많던 2년 차 경력직은 신입사원이 되어 새로운 시작을 했을 것이다. 물론 다른 분야의 경험이 있는 '중고 신입'은 유리한 점도, 불리한 점도 존재한다. 비슷한 상황의 3년 차 이내 경력직이 자신의 경력을 최대한 유리하게 활용할 수 있는 방법을 정리했으니 그만두기 전 점검해보자.

자신의 경쟁력이 무엇인지 확인한다

'경력이 2년 있으니 일반 신입 지원자보다는 유리하겠지'라고 안일하게 생각한다면 큰 오산이다. 신입 공채 면접에 가본 사람들이라면, 실제로 지원자 중 2년 이상의 경력직이 한둘이 아니라는 사실을 알 것이다. 따라서 근속 기간 자체가 아니라 그 기간 동안 일을 통해 자신이 어떤 부분에서 성장했고, 다른 사람과 비교해 어떤 경쟁력을 갖추게 됐는지 구체적인 수치로 설명할 수 있어야 한다.

경력직의 큰 힘 중 하나는 사람 네트워크이다. 즉, 함께 일했던 경험을 바탕으로 자신의 업무 역량을 긍정적으로 평가해줄 수 있는 사람들이 있다는 것이다. 비록 직접적으로 관련 있는 분야의 사람이 아니더라도, 자신의 성과를 인정하고 추천해줄 사람이 3명 이상 있는지 떠올려보자.

회사는 경력이든 신입이든 간에 능력 있는 사람, 경험 있는 사람을 찾는다. 따라서 신입으로 지원한다고 하더라도, 새로운 직무와의 공통점을 중심으로 현재 회사에서의 경험을 최대한 자세히 적는 것이 좋다. 자신만의 성과가 있으면 신입으로 지원하더라도 경력을 일부 인정받을 수 있다.

스스로 확신이 서지 않으면 그냥 지금 회사에 다녀도 된다. 그렇다고 해서 누구도 뭐라고 하지 않는다. 준비되지 않은 상황에서 괜히 욱하는 심정에 또는 막연한 자신감에 2년의 경력을 버리는 우를 범해서는 안 된다. 정말 자신 있는가? 회사에 겨우 적응해서 본격적으로 성과를 보일 수 있는 기회를 놓칠 수도 있다.

누가 밀어내는 상황도 아닌데 우선은 자신에게 1년 더 시간을 주는 건 어떨지 고민해보자. 그리고 아무리 생각해도 꼭 해야겠다면, 오늘부터 당장 이력서를 작성해야 한다. 바로 하지 않으면 자꾸 미루게 된다. 신입인지, 경력인지는 내가 정한다. 중요한 것은 능력이고, 실력이고, 경험이다!

이직을 잘 하려면
사람들을 많이 알아야 한다고요?

5년 차 직장인입니다. 이 회사에서 경력을 쌓을 대로 쌓았다고 생각해서 이직을 준비하고 있습니다. 그런데 사람들이 제대로 이직하려면 인맥이 필수라네요? 동기들에게 조언을 구할까 했더니 이직한다는 소문이 나서 이도 저도 못하게 될 것 같은데, 관련 모임에 나가볼까요? 평소 대인관계가 넓지 않아서 더 걱정이 크네요.

'이직 헬퍼'는 주변에서부터 찾아라

막상 이직을 시작하려고 하면, 막막하기 그지없다. 이럴 때는 '도움을 요청하는 것'이 중요하다. 자신의 부족함이 무엇인지 알고, 시행착오 없이 차근차근 준비하고 싶다면, 혼자서 무작정 시작하는 대신 주변에 많이 물어봐야 한다.

이직을 적극적으로 지원해주고, 격려해주고, 코칭해줄 사람들을 '이직 헬퍼'라고 부르겠다. 때로는 따끔한 충고까지 아끼지 않는 이직 헬퍼가 있어야 이직에 성공할 확률이 커진다. 혼자 준비해서는 빠르게 변화하는 이직 트렌드를 전부 파악할 수도 없고, 부족한 정보 채우기에 급급해질 확률이 크다.

지금은 네트워크의 시대다. 일과 성공은 물론, 여가나 취미에도 타인의 정보가 큰 힘이 된다. 개인적인 조언이나 소개가 생각지도 못한 결과를 가져오기도 한다. 꼭 같은 분야나 조직에서 근무한 사람들만 이직 헬퍼가 되는 것은 아니다. 주위에 이직 헬퍼로 삼을 수 있는 사람이 있는지, 스스로 살피고 챙겨보자.

상사

이직의 마지막 단계에서 발목을 잡는 것이 평판 조회이다. 특히 상사의 피드백이 많은 영향을 끼친다. 당연하게도 상사는 당신이 미처 파악하지 못한 업계 정보도 자세하게 알려줄 수 있다.

따라서 조직을 떠나더라도 상사들과 긴밀한 관계를 유지하면 이직의 절대적 파트너가 생기는 셈이다. 주기적인 노력이 수반되어야 하지만, 충분히 가치 있는 일이다.

자신의 직속 상사 중 한 명을 멘토로 삼는 것을 추천한다. 냉정한 조언과 따뜻한 격려, 그리고 따끔한 충고까지 들을 수 있는 귀한 존재이다. 이직의 기회가 찾아왔을 때 가장 먼저 공유하고, 의견을 물을 수 있는 사람이기도 하다.

물론 멘토를 구하기가 쉽지만은 않을 것이다. 정말 배울 점이 많고, 따르고 싶은 선배가 있다면 자신의 마음을 적극적으로 표현하며 가까워지는 것이 좋다.

자신과 동일한 직종 또는 직무에서 일하는 사람들의 네트워크를 만드는 것이 중요하다. 특히 요즘은 대부분 수시 채용 형태로 사람을 뽑고, 빨리 공석을 채우려고 하기 때문에 지인 추천이 일상화되어 있다. 따라서 지인들을 통해 생각지도 못한 좋은 기회를 얻는 경우도 자주 생긴다. 적어도 3~5명 이상의 동종 업계 지인을 만들고, 인연을 이어가는 것이 바람직하다.

한 분야의 전문가인 친구가 주위에 여러 명 있으면 큰 힘이 된다. 동종 업계가 아니라도, 의외로 세상은 좁고 서로에게 실질적인 도움을 줄 수 있는 경우가 많다. 특히 친구의 인맥을 통하면 실제로 입사하기 전까지는 알 수 없는 회사의 정보나 비전, 내부 이슈, 조직 분위기까지도 속 시원히 묻고 확인할 수 있다. 자신은 미처 생각하지도 못한 관점으로 솔직한 피드백을 해줄 수 있는 헬퍼이다.

이직과 관련해 가장 직접적인 정보를 제공해줄 수 있는 사람이다. 적어도 1~2명의 헤드헌터와 주기적으로 긴밀히 대화하며 자신의 커리어를 상의하면 좋다. 알맞은 지인 추천 등 개인적으로 도움을 주고받는 경우까지 생기면 두터운 신뢰 관계가 형성된다.

어떠한 경우든 정답은 사람에게 있다. 사람과 사람 사이에서 해결되지 못하는 문제는 거의 없다. 만약 '나는 이직 헬퍼가 한 명도 없어'라는 생각이 든다면, 우선 주변에 있는 관계부터 챙기자. 시작이 반이다.

다 때려 치고
내 사업을 하는 건 어떨까요?

회사 일을 하다 보면 더러운 꼴 보느니 그냥 제 사업을 하고 싶은 마음이 불쑥불쑥 들 때가 많습니다. 이 월급을 모아서 집을 마련하고, 결혼할 생각을 하면 막막하기도 하고요. 거기다 월급쟁이는 정년도 있으니 한계가 있는 듯해요.

아직 20대 후반의 어리다면 어린 나이이지만, 차라리 지금부터 뭐라도 배워서 제 사업을 준비해보는 게 어떨까 싶어요! 어떻게 생각하세요?

스스로에게 확신이 있는가?

이직이냐 창업이냐. 이 질문은 40대 이상에게만 해당되는 문제는 아니다. 사회초년생은 물론, 대학 졸업을 앞둔 예비 직장인 역시 '취업이냐 창업이냐'는 깊이 생각해볼 문제이다.

창업을 선택지에 두면, 당연히 여러 가지 고민이 생긴다. 성공 여부에 대한 불확실성도 있지만, '과연 지금 시작하는 것이 옳은가'에 대한 판단의 문제이다. 단순히 '창업했다'로 끝나는 게 아니라 '경력의 단절'까지 이어지므로 고민은 배가 된다.

지금부터 주위의 많은 창업자들과 15년 이상의 직장 경험을 뒤로 하고 새로운 사업을 시작한 개인적인 경험을 토대로 몇 가지 선택의 조건을 제시하고자 한다. 하지만 어디까지나 개인적 경험과 지식을 기초로 하는 만큼 각자의 사정에 맞춰 관점을 달리 해야 할 것이다.

전문 분야의 경험을 살릴 수 있는 아이템인가

수년 동안 직장에서 얻은 노하우나 지식을 활용할 수 있는 아이템이면 여러 가지로 유리한 조건에서 사업을 시작할 수 있다. 우선 벤치마킹을 위한 자료 조사 기간부터 줄어든다.

성공을 담보하는 여러 가지 조건 중 '경험'처럼 좋은 것은 없다.

하지만 창업 아이템과 직접 관련된 경험이어야 한다. 단순히 옆 부서 진행 상황을 봤다든지, 짧게 참여한 프로젝트라든지 등의 간접 경험은 시작 단계에 미치는 영향력이 작다. 실패를 했어도 본인이 직접 리드했던 쪽이 새로운 사업을 시작하기 위한 조건이 된다.

단순히 자문을 줄 사람을 의미하는 것이 아니다. 가장 중요한 것은 자금적 도움이다. 창업 이후 일정 기간 동안은 지속적인 투자가 가능한 구조여야 하는데, 이때 지원자의 힘은 절대적이다. 물론 본인이 자금적으로 여유가 있다면 문제가 될 일은 아니지만 상황은 항상 유동적이므로 대비책이 필요하다.

'사업은 지속해야 빛을 본다.' 많은 창업자와 스타트업 CEO가 공통적으로 하는 말이다. 말 그대로 '존버'해야 성공 가능성이 높아진다. 적어도 시작하고 3년 이상은 같은 아이템을 유지하고, 발전시킬 수 있어야 한다. 그럴 자신이 없다면 사업은 다시 고민하는 것이 옳다.

이직도, 창업도 목표가 제일 중요하다. 창업의 목표는 조직 내의 개인으로서 가지는 목표보다 더욱 중요하다. 따라서 창업 전, 사업의 미래 모습을 단기, 중기, 장기적으로 상상하는 단계가 꼭 필요하다. 자신이 바라는 모습을 구체적으로 상상해놓으면 일시적으로 어려워졌을 때 사업을 유지할 수 있는 힘이 되기도 한다.

누구나 자신의 사업을 직접 경영하는 건 어려울 수밖에 없다. 시작하기 전 스스로 확신을 가지고 준비하지 않으면, 기존의 커리어마저 꼬일 수 있다는 사실을 명심해야 한다. 정답은 없다. 남보다 빠른 선택으로 직접 부딪혀서 새로운 경험을 만들 것인가, 혹은 회사를 다니며 실력과 노하우를 천천히 쌓아올릴 것인가?

Part 2

지원하고
싶은 회사가 생겼어요!
자기소개서 등
서류 쓰는 법은?

안정적인 회사를 다니고 싶은데, 선택의 기준이 있나요?

2년 차 직장인입니다. 원래 다니던 회사에서는 자금 사정이 좋지 않아 떠밀리듯 퇴사를 하게 됐습니다. 이제 새로운 직장을 구하려고 하는데, 혹시라도 지금과 같은 상황을 또 겪을까 봐 걱정이 되네요. 이제는 좀 안정적인 회사에 다니고 싶습니다. 그런데 안정적인 회사는 어떻게 알 수 있을까요? 전에 다니던 회사도 처음에는 전도유망해보였거든요. 안정적인 회사인지 판단할 기준이 있을까요?

체크하는 만큼 보인다!

물론 영원히 안정적인 기업은 없다. 기업은 계속해서 이윤을 창출해야 하는데, 늘 좋은 상황만 지속될 수는 없기 때문이다. 갑작스런 악재로 흥망성쇠를 달리하는 기업들이 매년 존재하는 것 또한 현실이다.

하지만 취업이나 이직을 고려하는 구직자 입장에서 안정성은 쉽게 포기할 수 없는 항목이다. 모두가 자기가 선택한 회사는 언제까지나 안정적으로 수익을 내는 회사였으면 할 것이다. 망하지 않는 회사를 미리 알 수는 없지만, 몇 가지 기준을 참고하여 선택하면 나중에 후회할 확률을 줄일 수 있다.

회사의 재무제표를 분석하면 좋은 회사인지 알 수 있다는 말은 누구나 들어봤을 것이다. 그러나 단순히 매출이 계속 늘어난다고 해서 좋은 회사는 아니다. 어느 정도 규모가 있는 회사라고 판단할 수 있는 근거는 되나 실제로 회사가 '남는 장사'를 하는지를 보려면 3개년 영업이익, 당기순이익, 자본·부채 현황을 파악해야 한다. 자본·부채율을 확인했을 때, 자본보다 부채가 점점 늘어 자본 잠식 상태를 지속하는 회사는 선택에서 배제하는 것이 좋다.

홈페이지나 관련 자료를 확인했을 때 영업 지점이 지방까지 폭넓게 분포되어 있다든가, 300명 이상의 인력 구조를 꾸준히 유지하고 있다든가, 조직 구조가 대표이사부터 시작해 기능별로 잘 짜여 있으면 긍정적으로 평가할 수 있다. 다만, 재직 인원이 많다고 해서 매출, 영업이익, 순이익 등 역시 많을 거라고 단정 지으면 위험하다.

회사나 조직에 대한 직원(재직·퇴직)들의 솔직한 평가를 알 수 있는 '블라인드', '잡플래닛' 등의 서비스가 존재한다. 물론 서비스의 목적성을 생각했을 때, 긍정적인 이야기보다 부정적인 내용이 압도적으로 많으니 걸러 들을 필요는 있지만 한 번쯤 참고하면 좋은 내용이다.

1년도 안 되어 회사를 그만둔 사람들이 퇴사 이유로 많이 꼽는 것 중 하나가 '조직문화가 본인과 맞지 않아서'이다. 한 번 입사한 후에는 쉽게 퇴사하기 어려운 만큼 리스크가 크므로 한 번쯤 회사에 대한 평가를 미리 확인해보자. 물론 실제 기업과 연관된 지인이 있으면 가장 좋다.

아무리 조건이 좋아도 자신에게 맞지 않는 기업은 의미가 없다. 반대로 조건이 조금 좋지 않아도 개선될 수 있는 곳이나 함께 가치를 높일 만한 곳이라면 과감히 도전해도 좋다. 이제는 기업이 아니라 개인 자체의 힘이 전부인 시대가 됐다. 미래에는 더욱 그럴 것이다.

TIP

실제 재직자들의 생생한 정보를 얻고 싶다면?!

제일 확실한 정보는 그 회사에서 실제로 일하는 사람들의 생각이다. 실제 근무 중인 직장인들의 생생한 정보를 얻을 수 있는 몇 가지 사이트를 공유한다. 하지만 어디까지나 주관적인 생각인 만큼, 마지막 판단은 본인의 몫이라는 사실을 잊어서는 안 된다.

- **잡플래닛**(www.jobplanet.co.kr): 실제 근무 경험자 중심으로 회사의 비전과 사업, 인사 정책, 복지 제도 등 다양한 분야의 평가와 의견 확인 가능
- **블라인드**(애플리케이션): 익명 기반으로 좀 더 솔직한 회사의 정보를 알 수 있다. 회사 이메일, 명함 인증을 통한 실제 직원들의 모임
- **직장인 소모임**: 온·오프라인 기반으로 업종, 직무, 직급별 모임(예: 인사 직무 네이버 카페 'HR professional[인사쟁이]가 보는 실무카페, cafe.naver.com/ak573')

이직 관련 정보를
미리미리 얻고 싶어요

지인으로부터 좋은 회사니 한 번 지원해보라고 한 회사를 추천받았습니다. 부랴부랴 서류를 썼는데, 준비할 시간이 없어서 저의 장점을 제대로 어필하지 못했습니다. 당연히 서류 탈락했죠. 이직을 하고 싶다고만 생각했지, 아무런 준비를 안 하고 있던 터라 당연하다 싶으면서도, 다음번에는 이러면 안 될 것 같아요.

주변에 발 빠르게 이직 관련 정보를 모으는 동기들이 있는데, 그 친구들과 비교하면 저만 뒤떨어지는 느낌입니다. 그 친구들은 어떻게 알았는지 "지난주에 A기업에서 사람 뽑았잖아~" 하고 정보를 공유해줍니다. 그렇지만 저는 막상 찾아보려고 해도 뭘 해야 하는지 모르겠습니다. 좀 알려주세요!

이직에는 정보가 힘이다!

이직은 정보 싸움이다. 더 많은 정보를 얼마나 빠르게 습득하느냐에 따라 지원 여부가 달라지고, 이는 상대적으로 높은 성공률로 이어진다. 따라서 이직 관련 정보를 빠르게 확보할 수 있는 다양한 채널을 찾는 것이 중요하다. 그러면 어떻게 이직 관련 정보를 정확하고 폭넓게 볼 수 있을까?

온라인 커뮤니티를 활용하라

잘 찾아보면 회사, 직무와 관련된 온·오프라인 커뮤니티가 많이 존재한다. 우선 온라인으로 가입해 활동하다가 이후 오프라인의 정기적인 모임까지 참석하며 네트워크를 발전시키면 좋다. 특히 직무형 커뮤니티에서는 회사 간 이직 관련 정보나 지인 추천 등이 갑작스럽고 빈번하게 이루어지므로 이력서 등을 미리 준비해두는 편이 좋다.

10명 이상의 지인 네트워크를 구축하라

가장 솔직한 회사 정보는 사람들의 마음속에 있다. 따라서 업계 관련 정보를 줄 수 있는 사람을 주변에 10명 이상 만드는 것을 목표로 하자. 선배, 후배, 동기, 멘토, 사수 등 어떤 관계로 만났든, 솔직한 생각을 공유할 수 있는 사람이면 된다.

누군가에게 갑자기 찾아가 이직 고민을 털어놓고 관련 정보를 요청하면 다들 똑같은 반응일 것이다. "갑자기 왜 그래!" 따라서 좋은 사람이라면 평소에도 꾸준히 만나 대화하고, 신뢰를 쌓아두어야 적절한 타이밍에 결정적인 도움을 주거나 추천자가 되어준다. 직접 만나기 힘들다면 전화, 메신저, 메일, SNS 등 다양한 방법으로 꾸준히 친분을 유지하자.

아무리 훌륭한 정보가 있고, 주변에 네트워크가 많아도 직접 해보지 않으면 알 수 없는 분야가 이직이다. 직접 서류도 써보고, 면접도 보고, 협상도 해봐야 제대로 된 감을 익힐 수 있다.

물론 연습에 자신의 커리어를 걸라는 뜻은 아니다. 누군가의 추천을 받는 등 기회가 생긴다면, 자신이 그 포지션에 부족하다고 느껴져도 과감하게 도전하고 실행해보자. 이직에 실패하더라도, 실제로 부딪히면서 깨닫게 되는 것들이 분명히 생긴다. 물론 그 과정에서 이직에 성공하면 더욱 좋다!

모든 선의는 준 만큼 되돌아온다. 정보를 얻고 싶다면 주변인들에게 먼저 정보 제공자가 되어야 한다. 온·오프라인 커뮤니티

이든, 10명의 네트워크이든, 새로운 포지션을 제안한 헤드헌터이
든 먼저 정보 제공자가 된다면 자신에게 필요한 정보도 돌아오게
되어 있다. 자신은 아무런 도움도 주지 않으면서 중요한 정보를
받길 바란다면 안 되는 일이다. 얌체 같은 행동을 하면 남들도 다
안다.

　이직에는 정보가 힘이다. 기업은 추천으로 알음알음 맞는 사람
을 찾는 데다가 회사마다 원하는 인재상이 다르기 때문에 실제
경험자의 팁이 꼭 필요하다. 그리고 그 정보는 전부 사람에게서
나온다.

입사한 지 1년이 안 된 신입사원인데 이직 추천을 받았습니다. 갈까요?

이제 회사에 막 적응하고 있는 신입사원입니다. 그런데 아는 형으로부터 자기가 일하는 회사에서 일해보지 않겠냐는 제의가 왔어요. 지금보다 연봉은 꽤 높아지고, 제가 할 수 있는 일의 범위도 늘어날 것 같아요. 하지만 스타트업 기업이라 조금 불안합니다. 지금 다니는 회사도 나쁘지는 않거든요. 그래도 미래를 위해 이직하는 게 좋을까요?

이유 없는 이직은 하지 말자!

한 설문조사에 따르면, 입사한 지 1년도 되지 않은 신입사원의 퇴사율이 50%에 가깝다고 한다. 최근 들어 경제 상황과 상관없이 스스로 퇴사나 이직을 결정하는 직장인들이 늘고 있다. 따라서 좋은 기회다 싶으면 일단 가고 보자는 식의 '묻지 마 이직'도 늘고 있는 듯하다. 하지만 이런 경우, 금방 후회하는 사람이 의외로 많다.

20대 이직은 대부분에게 첫 이직이다. 이직 시 고려해야 할 요소는 여러 가지이지만, 외부 조건보다는 내부 동기 요인에 집중해야 한다. 첫 직장 입사만큼 첫 이직 후 쌓는 경력에 따라 다시 이직할 수 있는 산업, 기업, 직무 등이 결정되는 경우가 많으므로 신중하게 판단하자. 단순히 욱하는 심정으로 그만두거나 다시 시작할 수 있다는 막연한 자신감만 가지고 가기에는 역부족이다. 이후 지속될 자신의 경력과 커리어를 생각할 때, 오히려 어느 나이대보다 신중하게 고민하고 판단해야 한다.

첫 이직, 신중해야 한다. 무엇보다 확실한 자기 생각을 가져야 하는데 무엇을 따져봐야 할까?

이직은 언제나 현실 부정이 되어서는 안 된다. 속된 말로 '싫은 사람'은 어디에나 있다. 모든 경력자들이 하는 말이다. '한 번 싫은 건 계속 싫은 거지'라는 마음으로 현재 회사를 포기하듯 이직하면 분명 후회한다. 이직하려는 이유가 무엇인가? 현실 도피가 아니라 더 나은 미래를 위한 투자성 이직이어야 계속 발전할 수 있다. 이직의 롱테일을 고려해서 커리어 목표를 세우고, 단계적으로 점점 더 발전하는 선택이 필요하다.

가치: 정말 이직할 만큼 가치 있는 곳인가

이직하고자 하는 기업, 직무, 팀, 리더 등을 신중하게 평가하고 판단해야 한다. 연봉도 중요하다. 직장인들에게 연봉만큼 경제적 가치이자 심리적 보상을 더해줄 동기요인은 존재하지 않는다. 사람마다 중요시하는 가치 요소가 다르므로 섣불리 옳고 그름을 이야기할 수 없으나, 지금 이직하려는 곳에 어떠한 가치를 두고 있는지를 스스로 따져야 한다. 연봉? 기회? 승진? 성장? 리더? 무엇이든 좋다.

적응과 성공: 확실히 적응해서 성공할 수 있는 곳인가

사실 이직에는 끝이 없다. 이직의 끝은 아마 조직을 완전히 떠나는 정년퇴임 또는 창업이 될 것이다. 따라서 이직한 곳에서의 성공이 다음 이직의 기회를 만든다. 이직한 곳에서 빠른 시간 내에 인정받는 것이 중요하다.

적어도 3개월 안에 자신의 능력이나 경험을 어필할 수 있는 성과를 만들어야 한다. 성과의 크기나 영향력은 상관없다. 가장 작게는 해당 부서 내에서 팀장 또는 그 상위자에게 칭찬받을 수 있는 일이면 된다. 아직 이직할 곳에서 '조기 적응 후 작은 성공'의 방정식을 만들 자신이 없다면 이직을 다시 생각하는 편이 좋다.

이직을 자주 하는 사람들이 하는 말이 있다. "결국 다 만나더라!" 발전하기 위해 노력하다 보면 어차피 다 만나게 되어 있으니, 멀리 보고 움직이자. 짧게 보면 지쳐서 오래 못 간다. 지금, 당신은 준비되어 있는가?

이력서를 업데이트하려고 합니다. 무엇부터 해야 할까요?

이력서를 작성하는 데만 1주일을 보냈는데 아직 반도 채우지 못했습니다. 이번에는 마감 시간에 쫓겨서 운만 바라며 작성하지 않겠다고 다짐했는데 결과는 똑같네요. 무엇보다 문제는 무슨 내용을 써야 할지 모르겠다는 겁니다. 계속 써봐도, 다 쓰고 나면 뻔한 이야기들로 가득하네요. 꼭 이 회사만을 위한 지원서라는 생각도 들지 않고요. 이력서와 자기소개서를 제대로 쓰려면 어떻게 하는 게 좋을까요?

분석하고 또 분석하라!

이직을 준비하는 경력직이라면 다들 비슷한 생각을 할 것이다. 여러 곳에 지원해서 확률을 높여야 하니 여러 이력서를 써야 하는데, 다 비슷하게 느껴진다. 그렇다고 누가 대신 써줄 수 있는 것도 아니고, 내가 쓰지도 않은 내용을 달달 외워가는 데에도 한계가 있다. 도대체 이력서와 자기소개서는 어떻게 준비해야 할까?

이력서 작성 전에 '분석'이 중요하다. 이력서 작성 자체보다 자신과 업계를 분석하는 데 3배 이상의 시간을 써야 한다. 남과 다른 이력서와 자기소개서에서 성패가 갈린다. 하지만 대부분의 지원자들은 많은 일과 때문에 이미 써놓은 서류에서 최소한의 부분만 수정해 기업에 제출한 후 통과를 기대한다. 그래서는 안 된다. 처음부터 기업마다 다르게 접근해야 승률이 높다.

분석은 크게 회사 분석, 직무 분석, 자기 분석 세 가지로 구분된다. 각각의 분석을 통해서 자기소개서에 넣을 주요 키워드를 찾아내는 것이 중요하다.

회사 분석 시 지원하는 회사의 공식 홈페이지 정보만 믿어서는 안 된다. 홈페이지의 기업 인재상에는 창의, 혁신, 열정, 학습 등 온갖 좋은 말이 다 적혀 있을 확률이 높기 때문이다. 기업이 진짜로 중요하게 생각하는 핵심 가치가 무엇인지 제대로 찾아내기 위해서는 최근 업계 관련 기사, 핵심 서비스·상품, 전자공시 등을 확인해야 한다. 회사의 핵심 사업 방향을 파악하면, 거기서 주요 키워드를 도출할 수 있다.

직무 분석

직무를 바꾸려는 사람이라면 직무 역시 분석할 필요가 있다. 직무에 관한 정보는 여기저기에 다양하게 있으니 일단은 정보를 모아 공통 요소를 찾아내는 것이 먼저이고, 다음으로 도출한 결론이 맞는지 해당 직무 담당자에게 검증해봐야 한다. 직접적으로 아는 사람이 없다면 온라인 직무 커뮤니티라도 꼭 활용해서 확인하자.

자기 분석

제일 중요한 단계이다. 자신이 현재까지의 경력에서 이룬 성과와 장점을 나열해본 뒤 앞의 회사 분석, 직무 분석에서 찾아낸 키워드를 자기만의 키워드와 연결시키는 과정이다.

예를 들어 회사 분석에서 '성과 주도'라는 키워드를 찾았다면 자신의 인생 경험 중 자기주도적으로 일한 과정을 연관 짓는 것이다. 이때 일반적이고 추상적인 단어보다는 구체적이고 전략적인 단어 선정이 필요하다. 실제로 달성한 수치를 숫자로 표현하는 것도 좋다.

특히 중요한 것은 '개인화'다. 즉, 다른 사람과 다른 내 이야기, 내 경험을 키워드와 연결해서 구성하는 것이 가장 전략적인 선택이다.

글은 생각하는 만큼 좋아진다. 또한 상대방의 의도를 파악하여 논리적으로 표현해야만 상대를 설득할 수 있다.

자기소개서에 '미래 5년 계획'은 어떻게 써야 하나요?

저는 5년이 조금 넘는 경력의 직장인입니다. 다른 회사로 이직을 준비하는데, 이번이 첫 이직이다 보니 자기소개서를 어떻게 작성해야 하는지 감이 안 오네요. 특히 신입으로 입사 때 적어놓은 '3년 차 포부'를 보니 오글거리기만 하고…. 솔직히 당장 주어진 일만 잘하면 되지 회사에서의 5년 후, 10년 후 플랜을 제가 어떻게 아나요? 경력직에게 자기소개서가 얼마나 중요한가요?

당신을 제대로 보여줄 수 있는 기회다!

　신입으로 취업할 당시 작성했던 자기소개서를 다시 보면 그렇게 민망할 수가 없다. 요즘은 자기소개서를 '자소설'이라고 부르기까지 한다. 이는 자소서에 사실뿐만 아니라 허구나 과한 포장이 포함되어 있다는 의미이다. 포부만 가득한 자기소개서가 도대체 왜 필요한가 싶기도 하다.

　하지만 인사 담당자 입장에서는 경력직 채용 시에도 자기소개서가 점점 더 중요해지고 있다. 자기소개서를 어떠한 의도나 목적으로 작성해야 하는지 모르고, 빈칸 채우기에 급급하기 때문이다. 이번에는 자기소개서에 숨겨진 의도와 진실에 대해서 이야기해보고자 한다.

　기업이 입사 후 포부나 계획을 묻는 것은 당신의 인생 목표가 개인적으로 궁금해서가 아니다. 인풋 대비 아웃풋이 얼마나 되는지, 단지 효율과 효과성을 저울질하기 위해 철저하게 기업 마인드에서 나온 질문이다. 입사 후 소속될 부서에서 연봉 이상의 성과를 보여줄지, 남들이 할 수 없는 역할을 맡을 수 있는지, 매출이나 실적 등 정량적 성과에 기여도는 어느 정도가 될지 등이 궁금할 뿐이다.

결국 기업은 당신이 전 회사에서 지금까지 얼마나 잘 해온 사람이었는지 확인한 후, 이 회사에서도 그 이상의 역량을 보일 수 있는지 확인하고 싶은 것이다. 따라서 두루뭉술하거나 허황되어 보이는 포부는 소용없다. 대신 자신의 과거 실적에 비례해 '몇 %의 실적 향상에 기여하겠다' 등 구체적인 숫자나 수치를 언급하며 자신의 3년 또는 5년 후 미래, 조직에서 자신의 커리어 플랜 등을 적는 것이 중요하다.

회사가 다 아는 사실은 궁금하지 않다

'지원 동기', '우리 회사의 장점이 무엇이라고 생각하는가', '경쟁사가 아닌 우리 회사를 선택한 이유가 무엇인가' 등의 질문에 '업계 1위라서' 등 뻔한 답변을 줄줄 쓰는 경우가 많다. 회사의 대외적인 자랑거리와 위상을 쓰면 회사에 대해 아는 것이 많아 보이리라 생각하기 때문이다. 하지만 인사 담당자는 자신이 다 아는 내용엔 큰 관심이 없다.

차라리 입사 후 회사와 본인이 서로 윈윈할 수 있는 부분, 본인이 추구하는 가치와 회사의 가치가 일치하는 지점, 혹은 최근 기업의 시사적인 이슈와 관련된 자신의 소신 등을 짧게 작성하는 편이 훨씬 좋다.

최근 기업의 자기소개서는 다음과 같은 세 가지 내용을 포함해 하나의 항목으로 묻는 질문이 많다.

1) 특정 문제 상황에서 자신의 역할은 무엇이었는가?

2) 당시 본인의 해결 방법은?

3) 입사 후 동일한 상황이 발생할 시 이를 해결할 본인만의 차별화된 전략이나 노하우가 있는가?

이 경우 전체 비중을 질문 1)과 2)를 합처 40%, 질문 3)을 60% 정도로 나눠 답변하는 것이 좋다. 과거의 성과를 정확하게 설명하고 싶겠지만, 당연히 1)과 2)와 같은 과거 상황보다는 3)문항에서 요구하는 내용인, '입사 후 어떻게 행동할지'에 관해 구체적으로 기술하자. 여기에 기대되는 성과나 예상 효과를 덧붙이면 훨씬 더 설득력이 있다.

서류 전형은 채용 과정에서 본인을 처음 소개하고, 보여주는 단계이다. 따라서 의도나 목적을 철저하게 분석하고, 내용을 세밀하게 작성하는 절대적 시간이 요구된다. 자기소개서 한 편에 10시간을 투자하라. 지나고 나면 결코 많지 않은 시간일 것이다!

경력기술서는 무엇이고
어떻게 작성해야 하나요?

처음 이직을 준비하는 3년 차 직장인입니다. 신입사원 때는 신상
정보를 적은 이력서와 자기소개서만 작성하면 됐는데, 경력직으
로 이직하려고 보니 하나가 더 필요하더라고요. 바로 경력기술서!
지금까지 일한 경험이 있으니, 신입 때보다 서류 작성은 쉬울 줄
알았는데 오히려 더 어렵습니다. 경력기술서는 정확히 무엇이고,
어떻게 작성해야 할까요?

경력기술서로 직무 역량을 검증한다!

경력직의 자기소개서가 지원자의 인성과 성격, 소신을 공유하는 것이라면, 경력기술서는 직무 역량 검증을 위한 체계적이고 구조화된 서류이다. 직무마다 필요한 실력, 자격, 조건 등이 각각 다르다. 공통적인 부분을 제외하고는 유사한 직군이라 하더라도 요구되는 역량이 미묘하게 다르므로, 자신이 얼마나 이 회사와 업무에 맞는 사람인지를 보여줘야 한다. 따라서 경력기술서는 다음과 같은 순서를 기억하고 작성하는 것이 좋다.

1) 자신이 지원한 직무에서 요구되는 역량이 무엇인지 파악
2) 상대방에게 빠른 시간 내에 전달 가능하도록 단락 구성
3) 차별화된 포인트를 강조

이외에도 경력기술서를 작성할 때 기억하면 좋은 몇 가지 기술을 공유한다.

개인의 역량은 공통 역량, 직무 역량, 리더십 역량 등 보통 세 가지 카테고리로 구성된다. '인사'라는 하나의 직무에도 공통 역량과 직무 역량의 수를 합치면 적게는 5개에서 10개 이상이나 된

다. 따라서 이 모든 역량을 경력기술서에서 보여줄 수는 없다. 일단 직무 역량에 집중하고, 그중에서도 공통 역량과 유사한 키워드는 배제하는 것이 좋다. 딱 세 가지 키워드만 선정하여 경력기술서에 녹여내야 한다.

'결론-본론-결론' 순으로 구성하라

가장 익숙한 논리적 구성은 '서론-본론-결론'이다. 배경을 충분히 설명해야 상대방이 이해할 수 있다는 생각 때문에 도입부를 길게 쓰는 경우가 있지만, 경력기술서 작성 시에는 '서론'은 잊어버리는 편이 좋다. 장황한 서론을 보는 순간, 상대방은 '무슨 말이 하고 싶은 거야?', '식상하다, 식상해…'라며 집중하지 못할 확률이 크다.

따라서 결론부터 이야기하고, 결론을 뒷받침하는 이유, 사실, 자료 등을 본론으로 짧게 기술하자. 마지막으로 다시 결론을 강조하되, 앞과는 다른 단어나 예시를 활용해 구성하면 된다.

자신의 독특한 경험을 '문장화'하라

전체 채용 과정에서 가장 중요한 것이 차별화이다. 경력기술서 작성 시 차별화에 근접한 단어를 찾는다면 '자기화'라고 할 수 있다. 어렵겠지만, 나는 나다울 때 세상 누구와도 차별화된다. 결코 일반화되어서는 안 된다. 자신만의 독특한 경험 중 지원 직무와 연결하여 가장 어필하고 싶은 경험, 역량, 성과 등을 꼽고, 한 문장으로 만들어보자.

명언, 개그 프로그램, 드라마, 영화의 대사나 특징적인 문장은 피해야 한다. 너무 가벼워 보이거나 일반적인 사례로 치부되기 때문이다.

회사가 뽑고 싶은 사람은 '필요한 사람'이다. 조직에서는 당장 필요한 사람을 채용한다. 스펙, 경험, 검증된 실력, 인맥 등이 훌륭하다 하더라도 조직이 요구하는 역량에 맞지 않으면 선택하지 않는다. 당신이 회사에 당장 필요한 사람임을 보여주는 것이 바로 경력기술서이다.

여러 명이 공동으로 한 일을 제가 주로 했다고 써도 되나요?

저는 5년 차 직장인으로 이직을 준비하고 있습니다. 제출하는 서류 중에 경력기술서가 있던데 이건 솔직히 기록해야 하는 거겠죠? 제가 하는 일은 프로젝트성 업무가 많아서 같이 하는 일이 대부분입니다. 공동으로 진행한 일들이라 제가 다 했다고 기록할 수는 없는데, 나름 성과가 있었지만 프로젝트를 제가 주도한 것이 아니다 보니 평가 절하될 거 같습니다…. 이럴 경우 어떻게 작성해야 하는 건가요?

프로 이직러의 한 줄 솔루션

가짜로 써도 면접관들은 다 안다

경력 연차가 낮을 때는 혼자서 수행하는 일이 많지 않다. 팀이나 TFT(Task Force Team)에 소속되어 일정 기간 자신의 역할을 수행하는 경우가 대부분이다. 해당 내용은 자신이 실제로 맡았던 역할 위주로 작성하되, 자신이 돋보일 수 있도록 구성하는 것이 좋다. 낮은 연차인데도 모든 프로젝트를 자신이 처음부터 끝까지 주도했다고 써놓으면 당연히 신뢰가 안 갈 수밖에 없다. 기업도 이 사실을 알고 있기 때문이다.

본인의 역할 위주로 작성한다

팀 활동 내용 전반을 자세히 적기보다는 본인이 담당했던 역할을 부각해서 작성해야 한다. 단순히 서열이나 직급보다는 프로젝트에서 수행했던 역할을 기간, 내용, 대상, 협력 부서 등을 포함해 상세히 작성하는 것이 중요하다. 그래야 본인이 돋보일 수 있다.

프로젝트나 TFT의 성과를 지표화한다

중요한 것은 성과이므로, 해당 프로젝트나 TFT의 진행 상황보다 성과를 부각해서 기록하면 지원자의 역할도 명확하게 드러난다. 성과는 '정성적'보다는 '정량적'이어야 훨씬 크게 다가오기 때문에 꼭 수치화해 알아보기 쉽게 기록하자. 이 경우 전체성과

지표가 훨씬 돋보여 팀의 성과가 개인의 성과로 바로 연결된다.

경력기술서를 검토한 면접관의 질문은 "해당 프로젝트에 대한 본인의 평가를 내려보세요"일 것이다. 해당 프로젝트와 과제 수행 결과를 돌아보고, 본인의 평가나 생각, 피드백을 준비하는 것이 중요하다. 역할이 작았어도, 결과나 지표가 기대치에 미치지 못했어도 괜찮다. 회사는 프로젝트 과정에서 당신이 얻은 경험을 사는 것이다. 따라서 과정이나 결과가 부족했더라도 자신만의 경험, 배움, 노하우 등을 강조하는 것이 중요하다.

프로젝트는 오랜 기간 동안 진행되고, 그 기간 동안에는 세부적인 여러 요소가 존재한다. 그중에 자신이 주도해서 성공한 사례를 강조하면 된다. 아무리 작은 역할이라도, 처음부터 끝까지 스스로 해결한 일이 있을 것이다. 앞뒤 연관성을 고려할 때 프로젝트의 마무리 단계의 이야기일수록 성공과의 개연성이 높고, 자신의 역할이 더욱 돋보이니 이런 점도 잘 고려해 선택하자.

작은 성공이 있어야 큰 성공이 빛나는 법이다. 아무리 작아도 당신이 꾸준히 쌓아온 성과가 당신을 표현해줄 것이다.

자기소개서에
모든 걸 솔직하게 써도 될까요?

2년 차 직장인으로, 이제 첫 이직에 도전하려고 합니다! 그런데 막상 이력서를 쓰려고 보니 제가 한 게 별로 없네요. 막내이다 보니 주로 팀장님들의 보조를 맡았거든요. 그러다 보니 주업무라고 작성할 내용이 거의 없는데, 그냥 솔직하게 써도 될까요? 많이 불이익이 될까요?

솔직하되 강점을 부각해서!

경력 연차가 짧은 지원자들이 많이 하는 질문 중에 하나가 '서류를 솔직하게 작성해도 될까요?'이다. 경력이 짧다 보니 작성할 내용도 상대적으로 적고, 회사에서 자신을 드러낼 수 있는 기회 역시 많지 않아 고민이 생기는 것이다.

앞서 '기업들은 속임수를 다 안다'고 하긴 했지만, 실제로 아주 작은 일에 참여해놓고도 자기가 전부 한 것처럼 과장하거나 포장해서 좋은 기회를 잡은 케이스도 적지만은 않다. 기업은 '가짜' 티가 나는 이력서를 열심히 걸러낸 후 남은 지원자들을 평판 조회 등과 같은 방법으로 다시 검증하고 있지만, 다른 자기소개서보다 이런 서류가 1차적으로 눈에 띄는 것은 사실이다.

결론부터 이야기하자면, 솔직하게 쓰되 전략적으로 써야 한다. 전략적으로 쓴다는 말은 곧 강조할 부분은 강조하고, 부족한 부분은 가리거나 채워나가야 한다는 뜻이기도 하다. 아래 몇 가지 사항을 유념하며 자기소개서를 작성해보자. 무엇보다 머릿속으로만 생각하는 대신 실제로 작성해보는 것이 중요하다.

여러 가지보다 한 가지에 집중하자

자신의 장점을 솔직하게 나열하는 것도 좋지만, 자신을 가장 잘 어필할 수 있는 하나의 키워드를 강조하는 편이 더 효과적이다. 따라서 짧은 기간 동안 있었던 여러 가지 상황을 순차적으로 나열하기보다는 지원한 회사, 직무, 상황적으로 가장 인상 깊을 만한 한 가지를 강조해야 한다.

예를 들어 해외 시장 진출을 앞두고 있는 기업에 지원한다면 해외로의 연수 경험이나 여행 경험을 여러 개 적는 것보다는 1년 남짓 중국 현지에서 근무했던 경험, 실제 외국인 바이어와 소통했던 일 등 한 가지를 전략적으로 선택해서 강조하자.

'사실'보단 '이야기'로 승부하자

사실(Fact)을 여러 가지 나열해놓으면 인사 담당자는 여러 정보 속에서 지원자를 판단하는 기준을 세우지 못할 수도 있다.

예를 들어, 앞에서 말한 것처럼 '해외 여러 나라를 여행한 경험'을 단순히 나열한다면, 인사 담당자는 지원자가 강조하고 싶은 장점이 외국어를 잘한다는 것인지, 해외 생활에 잘 적응한다는 것인지, 혹은 계획을 잘 세운다는 것인지 등으로 헷갈릴 수밖에 없다.

따라서 집중할 수 있는 하나의 이야기(Story)를 만드는 것이 중요하다. 이야기란 배경, 주인공, 사건, 결과, 교훈 등이 이어져 하나로 구성되는 것이다. 면접이 끝나고 나서도 기억에 남을 수 있는 이야기가 필요하다.

사실 속에는 강점과 약점, 장점과 단점이 공존한다. 바라보는 관점에 따라서, 그리고 어떤 인사 담당자가 판단하느냐에 따라서 강점이 단점으로 보이는 상대성도 존재한다.

따라서 스스로 판단할 때 부족하거나 약한 부분이 있다면, 그냥 사실만 적어서는 안 된다. 부족함을 극복하기 위해 능력을 계속해서 발전시키고, 강화하고 있다는 인상을 주는 것이 훨씬 전략적이다. 보완 방법 역시 단순히 책을 읽고 있다는 식으로 넘어가는 형태가 아니라 커뮤니티 활동, 전문 교육, 멘토링, 컨설팅, 관련 강의 참석 등의 구체적인 대안이면 더 좋다.

진정성 있는 한 마디가 장황한 열 마디보다 낫다. 없는 사실을 꾸며내면, 합격해봤자 해보지 못한 일을 갑자기 떠맡게 되어 오히려 고생할 수도 있다. 진실이 답이다!

지인 추천인데
딱히 준비할 건 없겠죠?

얼마 전, 잘 아는 선배로부터 좋은 포지션을 추천받았습니다. 예전부터 가고 싶었던 회사이기도 하고, 주변에 물어보니 좋은 회사라며 지원 전부터 다들 잘됐다며 축하해주네요.

선배 추천이기도 하고, 제가 계속 해왔던 마케팅 쪽 업무라서 안심입니다. 선배도 면접은 일대일로 진행되니 크게 걱정하지 말라고 하네요. 지인 추천으로 이직하는 건 처음이라 낯설기는 하지만, 그렇게 떨리지는 않네요. 크게 준비할 건 없겠죠?

지인 추천은 더 준비해라

오히려 지인 추천이 제일 어렵다. 지원자가 떨어지면 그를 추천해준 지인에게도 영향이 가기 때문이다. 요즘은 지인 추천으로 선별된 인재 역시 꼼꼼하게 검증하는 경향이 크다. 누군가를 추천하기 위해선 그 사람의 실력, 인성, 능력, 성과에 대해서 어느 정도는 이해하고 있어야 한다. 단순히 알고 지낸다고 해서 자신의 회사에 추천할 수 있는 시대도 아니다. 경력이 부족하다든가, 회사와 맞지 않는 인재라서 채용되지 않았다면 차라리 괜찮지만, 단순히 '준비 부족'일 경우에는 추천자가 '자신을 무시한 건가' 하는 생각을 하게 된다. 기업 입장에서도 기대했던 것 이하의 모습이라면 평가가 더 낮아질 수밖에 없다.

공고에 스스로 지원한 경우엔 떨어져도 나만 상처받고 말면 그만이지만, 지인 추천으로 서류를 냈다가 성의 없는 내용 때문에 떨어진다면 추천해준 사람의 명성에도 부정적인 영향을 줄 수밖에 없다.

추천을 받은 사람의 경우도 마찬가지다. 한 번 부정적인 평가를 받으면, 상대방이 다시 당신을 추천해줄 확률이 낮아진다. 즉, 기대 이하의 결과일 경우 이중 삼중으로 평가절하될 확률이 크다. 지인 추천을 받은 경우, 우선 다음 사항들을 체크하는 것이 바람직하다.

- 추천받은 회사나 직무에 대해서 얼마나 알고 있는가?
- 추천자가 당신을 추천한 이유에 대해서 확인했는가?
- 단순 추천인가, 해당 조직 부문장 또는 직책자에게 직접 추천한 것인가?
- 추천받은 직무에서 요구하는 사항이 자신에게 얼마나 해당되는가?
- 평소에 목표로 했던 회사나 직무인가?
- 추천자와 추천한 기업은 어떤 관계인가?
- 이번 추천으로 인해 추천자에게 어떤 혜택이나 보상이 있는가?
- 추천자와 평소에 얼마나 자주 연락하고 지내는 사이인가?
- 추천자는 해당 포지션에 대해서 잘 아는가? 아니면 단순 전달인가?

위의 질문 중에 다섯 가지 이상은 확실하게 답변할 수 있어야 해당 채용이 진행될 경우, 추천자와 추천받은 본인 모두 윈윈할 수 있다. 결과가 어찌 되든 이후 관계에도 영향이 없으려면 추천 내용을 정확히 알고 시작하는 것이 좋다.

아는 사이일수록 더 어렵다. 어려울수록 신중해야 탈이 없다!

헤드헌터가 먼저 인터뷰를 하자고 하는데, 이런 경우도 있나요?

얼마 전 이력서를 구직 사이트에 올렸는데, 헤드헌터에게 연락을 받았습니다. 가능한 시간을 이야기해주면 본인이 회사 근처로 찾아갈테니 잠시 미팅을 하고 싶다고 하는데, 만나도 되는 걸까요? 처음 겪는 일이라 꼭 해야 되는 거냐고 물었더니 프로세스가 원래 그렇다고 하네요. 보통 헤드헌터와의 채용은 이렇게 진행되는 게 맞나요?

오히려 '꼭 필요한 일'이다!

헤드헌터와의 사전 인터뷰는 당연한 일이다. 클라이언트 회사에게 후보자를 직접 보여주기 전, 헤드헌터는 철저한 분석을 기초로 후보자들을 리포트하게 된다. 따라서 필요할 경우 지원자를 정확하게 파악하기 위해 사전 인터뷰를 제안한다. 서류를 받아본 후 이력서나 경력 기술서를 수정해달라고 요청하기도 한다. 따라서 오히려 이런 과정 없이 채용을 진행하는 경우에 대해서 의아해하는 것이 맞다.

일부 헤드헌터의 경우, 지원자가 제출한 서류가 불충분함에도 기업에 그냥 전달해버리는 경우가 있다. 이력서만 받고 연락을 뚝 끊어버리기도 한다. 이런 경우는 지원자가 헤드헌터에게 해당 내용을 먼저 확인하고 대응해야 한다. 헤드헌터와의 사전 인터뷰가 잡혔다면 아래 몇 가지 사항들을 기억하기 바란다.

인터뷰가 진행되기 전, 지원 관련 서류과 함께 자신이 궁금한 사항들을 미리 보내놓는 것이 좋다. 지원 회사에 대한 궁금증에서부터 면접 전 준비해야 할 것들, 전문가로서의 조언, 입사 시 처우에 대한 기대 사항까지. 공감대가 미리 형성되면 인터뷰를 넘어 회사 면접을 준비하는 데도 큰 도움이 된다.

인터뷰로 면접을 사전 준비하라

인터뷰가 실제 면접처럼 진행하는 경우도 있기에, 실전처럼 준비하고 대응하면 분명 기업 인사 담당자와의 면접에서도 당황하지 않고 잘 대응할 수 있다. 헤드헌터와 말 그대로 얼굴만 보는 자리 정도로 생각하고 만나면 큰 도움이 되지 않는다. 중요한 것은 실전을 대비하겠다는 마음가짐이다. 사전 인터뷰가 끝나면 바로 피드백을 요청해서 솔직한 답변을 들어보는 것 또한 면접을 위한 좋은 접근이다.

솔직하게 묻고 답하라

사전 인터뷰가 끝난 다음 개인적인 질의응답의 시간이 있다면, 최대한 솔직하게 묻고 답하는 편이 좋다. 당락을 결정하는 만남은 아니므로 너무 꾸며내려고 하지 않아도 된다. 자신이 지원하면서 고민했던 부분, 아직도 잘 모르는 부분, 사전 인터뷰에서 애매했던 상황 등. 자신의 생각을 최대한 솔직하게 공유하고 정리하는 시간을 가지면 효과적이다.

우연을 인연으로 바꿔라

사전 인터뷰를 통해 만난 헤드헌터를 자신의 커리어 파트너로 발전시키자. 최대한 예의를 갖추고, 상대가 필요한 정보나 네트워크의 또 다른 제공자가 될 수도 있다는 생각으로 헤드헌터를

대해야 한다. 한 번 만나고 끝날 사람으로 대하면, 상대도 나를 그
렇게 생각한다. 결정적 순간에 누구의 편이 될지 고민하게 만들
면 안 된다.

　무슨 일이든, 혼자가 아닌 누군가와 같이 하면 더 의지가 된다.
이직도 마찬가지다. 좋은 헤드헌터는 분명히 이직 과정의 좋은
파트너가 되어줄 것이다.

희망연봉을
꼭 작성해야 하나요?

5년 차 직장인입니다. 여러 번 이직을 했는데, 그때마다 희망연봉을 표기하는 일이 제일 어려워요. 얼마 전 지원한 회사와 메일로 나눴던 대화를 적어볼게요.

희망연봉을 작성하지 않으셨네요. 다시 작성해주세요.
꼭 작성해야 하나요?
되도록이면 알려주셨으면 합니다.
회사 내부 기준에 따르겠습니다.
최소한 이 정도는 돼야 한다는 조건은 있지 않으세요?
네…. 생각해보고 다시 연락드릴게요.

제 입으로 희망연봉 얘기를 하는 게 부끄럽고, 이상하게 느껴져요. 어떻게 하면 적정한 희망연봉을 쓸 수 있을까요?

조건을 보여주는 것을 두려워하지 말자

낯설지 않은 대화 내용이다. 실제로 빈번하게 벌어지는 상황이기도 하다. 희망연봉에 대한 서로 다른 이해도 때문에 회사는 회사대로, 지원자는 지원자대로 접점을 찾기가 쉽지 않다.

하지만 희망사항을 정확히 전달하는 것도 능력이다. 그래야 비로소 양쪽의 협상이 시작된다. 이렇다 할 기준선도 제시하지 않으면 대화가 진행되기 어렵고, 한쪽이 협상 자체를 포기하는 경우가 생기기도 한다. 기업에서 먼저 당신을 포기하는 상황이 생기지 않으려면 충분한 대화와 조율이 필요하다. 그 시작이 희망연봉이다.

희망연봉을 이야기하기 꺼려하는 지원자들의 입장도 이해는 간다. 혹시 희망연봉이 너무 높거나 낮아 채용 자체에 부정적인 영향을 주지는 않을까 걱정되기 때문이다. 따라서 일단 회사 내규를 따르겠다는 식으로 서류를 작성하는 경우가 많다. 하지만 명확하게 기준을 제시해야만 지원자와 회사 모두 윈윈할 수 있다.

연봉은 산업, 직무, 회사 여건 등 여러 가지가 반영된 결과이므로 시장에서의 평균치를 알기란 힘들다. 각각 개별 회사가 보유하고 있는 데이터를 기준으로 연봉 수준 역시 달라진다. 따라서

'이직할 때 연봉을 적어도 200만 원은 높여야지!'처럼 딱 얼마라고 정하기보다는 자신의 현재 연봉에서 일정 비율로 상승폭을 제시하는 것이 유리하다. 개인적으로 5~10% 정도라면 충분히 의미 있는 인상이라고 생각한다.

최소와 최대를 같이 제시한다

취업하고 싶은 지원자와 마찬가지로, 인사 담당자는 괜찮은 인재를 입사시켜야 하는 중요한 과제를 해결 중이다. 그래서 희망 연봉 외에 최소, 최대 등의 추가적인 조건을 제시하면 조금 더 판단이 쉬워진다. '최소'라는 조건에 지원자들은 거부 반응을 크게 보인다. 최소 희망연봉을 알려주면 기업이 딱 그 기준에 맞출 것 같다는 걱정 때문이다. 하지만 많은 정보를 알려주면 줄수록 협상에도 여지가 생긴다.

중요한 것은 지원자의 선택이다. 자신이 생각하는 최소한의 조건에 부합하지 않는 회사라면 이직한다고 해도 얼마 지나지 않아 회의감과 후회가 밀려오고, 결국 퇴사나 또 다른 이직을 고민하게 될 것이다. 그래서 최소, 최대한의 조건은 정해놓고 시작해야 한다.

희망사항을 기대 사항으로 바꾸는 사람이 이긴다. 자신의 가치는 스스로 정확하게 알아야 한다. 자신의 가치를 정의하는 것을 두려워하지 말자. 기대가 높으면 말대로 된다!

서류 전형에서 자꾸 떨어집니다. 이유가 뭘까요?

경력직으로 이직을 준비 중인데, 서류 전형에서부터 계속 떨어지고 있습니다. 그러다 보니 자존감도 같이 떨어지네요. 제 경력이 나쁘지는 않다고 생각하거든요. 아니, 사람을 서류만 보고 어떻게 평가하나요? 면접에서는 제 장점을 제대로 어필할 자신이 있는데, 자꾸 떨어지는 게 이해가 안 되네요….

24시간 안에 서류를 재검토하라!

경력 공채가 빈번해지면서 서류 전형의 중요성이 더욱 강조되고 있다. '연차가 있으니까 경력을 보고 판단하겠지' 하며 쉽게 작성한 서류로 인해 실제로 실력도 있고, 좋은 회사에 다니는 경력자들이 탈락의 고배를 마시고 있다.

기회는 또 다시 찾아올 수 있다 해도 왜 실패했는지, 다음에는 무엇을 준비해야 하는지가 명확하지 않으면 똑같은 실수를 반복할 수밖에 없다. 서류 전형에서 탈락했다면, 24시간 안에 해야 할 몇 가지 행동 요령을 공유한다.

이력서를 소리 내어 읽어봐라

어떤 부분이 잘못되었는지 알 수 있는 가장 효과적인 방법은 자신이 쓴 이력서와 자기소개서를 직접 읽어보는 것이다. 자신이 작성한 내용을 소리 내어 읽다 보면 상대의 입장에서 무엇이 부족했을지 보인다. 자신의 약점을 발견하는 것이 제일 중요하고, 최우선으로 해야 할 일이다.

주변에 반드시 공유해봐라

보통 자신의 이력서를 주변에 공유하지 않는다. 부끄럽기도 하고, 지나치게 개인적인 내용을 많이 담고 있기 때문이다. 또한 부족한 부분에 대해 피드백받는 것을 부정적으로 느끼는 경우도 많다. 하지만 중요한 것은 피드백을 받으며 부끄러운, 잠깐의 상황이 아니라 마침내 합격하는 것이다. 결과를 만들어내기까지의 모든 시간은 과정일 뿐이다. 과정이 정교할수록 성공률은 높아진다. 적어도 관련 업계의 세 명 이상에게 자기소개서를 공유하고 피드백을 받아보라!

바로 다시 작성해보라

부족함을 스스로 깨달은 순간, 부끄러움을 뒤로 하고 다른 사람의 피드백을 겸허히 받아들인 순간! 바로 그 순간의 감정을 토대로 새롭게 서류를 작성해보기를 추천한다. 사실 이직 면담이나 컨설팅 과정에서 이 방법을 항상 제시하지만 직접 실천하는 사람은 5%가 채 되지 않는다. 실행해보면 분명한 효과가 있다.

기회는 반드시 다시 온다! 그리고 준비하는 자에게, 자신을 잘 알고 있는 자에게 승리가 돌아간다.

Part 3

경력직 면접은 처음인데, 뭘 준비해야 하죠?

이제 입사 3년 차인 직장인입니다. 얼마 전 지인 추천으로 지원한 회사에서 면접을 보자고 연락이 왔습니다. 기쁜 마음도 있지만 경력직 면접은 한 번도 본 적이 없어서 막막합니다. 인터넷에 찾아보니 너무 뻔한 이야기뿐이고, 이직을 도와주는 컨설팅을 신청하기엔 전문가인지도 확실하지 않은 사람한테 돈을 쓰는 것도 아깝고요. 이직 면접을 처음 준비할 때 꼭 필요한 것이 있다면 무엇일까요?

경력직은 솔루션을 제시해야 한다

경력직 면접은 공채나 신입사원 채용 면접과는 다르다. 가능성만 보고 채용 여부를 판단해야 하는 신입사원과 달리 훨씬 논리적이고 객관적인 경험에 기초한 결정이 이루어진다. 따라서 면접관의 생각을 뛰어넘고, 그들을 압도하는 기술이 필요하다. 면접관을 압도하는 기술은 다섯 가지 설명할 수 있다.

면접관은 당신의 말만 길게 들어줄 여유가 없다. 특히 비슷한 미사어구가 가득한 집단 면접에서는 더욱 그렇다. 따라서 상대방, 즉 면접관들의 기억 속에 오래 남을 간결한 문장을 사용하는 것이 좋다. 30초, 5문장이 해답이다. 어떤 질문이든 5문장 내로 설명하는 훈련을 한다면 당황스러운 상황에서도 빠르게 대처하는 능력이 길러질 것이다.

기업은 해답을 찾는 조직이다. 따라서 면접관들은 막연한 생각이나 의견이 아니라 바로 적용 가능한 정답을 원한다. 같은 답이라도 "이렇게 하면 될 것 같습니다", "이러면 좋을 것 같습니다" 같은 자신감 없는 표현보다는 "확신합니다", "제 경우 이렇게 해결했습니다" 등 해답 형태의 표현이 면접관들의 마음을 사로잡을 수 있는 비결이다.

성공적인 조직 생활을 이끄는 요소 중에 빼놓을 수 없는 것이 역지사지, 즉 상대방을 이해하는 마음이다. 여기서 우리가 이해해야 할 대상은 상황보다는 문제 당사자와 연관되는 경우가 많다. 따라서 면접관들의 질문에 단순한 사실을 넘어서 당시 주변인들의 평가나 의견을 함께 이야기하면 훨씬 설득력이 생긴다. 즉, 사람과 사람 사이의 감성적인 면을 어필하면 훨씬 조직 친화적인 후보자로 보일 수 있다.

논리적으로 말하려면 우선 논리적으로 생각할 수 있어야 한다. 처음부터 앞뒤가 맞도록 말하는 것이 어렵다면 일단 결론부터 제시한 후 본론 부분에서는 주제를 다시 두세 가지 정도로 쪼개어 부연 설명하는 구조를 만드는 연습을 하는 것이 좋다. 이러한 훈련이 되면 어떠한 질문이나 상황에서도 앞뒤 상황이 이해가고, 이야기의 전체적인 구조가 눈에 보이며, 도입과 결론 구조가 튼튼한 이야기를 할 수 있다.

면접관의 질문에는 숨겨진 의도가 있다. "야근이 많은데 괜찮나요?", "지금 가장 하고 싶은 게 무엇인가요?" 등 의도를 알 수 없는 질문을 받으면 후보자들은 순간적으로 당황하게 된다. 이런 질문은 지원자를 압박해서 진솔한 모습을 확인하기 위한 목적도 있지만, 후보자에 대한 면접관의 판단을 검증 또는 확인하기 위한 목적이다.

100% 확실한 의도를 파악할 수는 없지만 대부분 면접 전 과정에서 지원자가 부족했던 부분, 약하다고 판단되는 부분을 다시 한 번 확인하고 집중공략하려는 질문일 경우가 많다. 따라서, 당황스러운 질문을 받았을 땐 바로 대답하기보다는 먼저 면접관의 의도를 추측하기 위해 한숨을 돌리고 대답하는 것이 좋다.

기술을 습득하는 데는 절대 시간이 필요하다. 특히 말하기 기술은 경험을 기초로 하는 역량이므로 더욱 절대적인 시간이 요구된다. 취업, 이직, 전직 등을 준비하는 분들에게 '한 시간의 원칙'을 제시한다. 하루에 한 시간씩 꾸준히 투자하면 어느새 당신의 단단한 경쟁력이 된다. 오늘부터 딱 한 시간이다!

면접에서 모르는 질문이 나오면
아무 대답도 못하게 됩니다

얼마 전 대기업 면접을 다녀왔습니다. 처음에는 나름대로 침착하게 잘 대답을 했지만, 제가 지원한 분야와는 전혀 상관없는 질문이 나오기 시작했습니다. 아는 내용이 없으니, 어떻게 대답해야 할지도 모르겠고…. 진땀만 빼다가 끝났어요. 면접관은 '도대체 무슨 이야기를 하고 있는 건가요?'라고 묻기도 했죠.
문제는 당장 다음 주에 다른 면접이 잡혀 있다는 겁니다. 비슷한 상황이 벌어질까 봐 벌써부터 너무 걱정돼요! 제가 전혀 답을 모르는 질문을 받으면 어떻게 대답해야 하나요?

몰라도 침착하고 논리적으로!

아무리 열심히 준비를 한다고 해도, 면접에서 어떤 질문이 나올지는 알 수가 없다. 지원자의 상식은 물론 상황 대처 능력을 알기 위해 분야나 전공과 전혀 연관성 없는 질문을 던지는 경우가 많기 때문이다. 용어조차 낯설고, 꼬여 있는 질문을 할 때도 많다.

예상치도 못한 질문, 잘 모르는 질문을 받으면 지원자는 당황스러운 것이 당연하다. 하지만 중요한 것은 면접관 앞에서 긴장하지 않는 모습, 다른 질문으로 넘어가기 전까지 당당함을 유지하는 태도이다. 자신감을 잃지 않고 말하는 기술 네 가지를 공개한다.

솔직하게 말하며 질문한 사람에게 예의를 표하는 방법이다. 예전에는 일부 점수를 받기도 했으나 요즘은 플러스 요인이 되지는 않는다. 하지만 정말 모르는 질문에 말도 안 되게 답변하는 것보다는 "죄송합니다. 잘 모르겠습니다", "준비가 부족했습니다" 등으로 솔직히 말하는 것이 낫다. 또한 "보안해 나가겠다", "확실한 답변이 가능하도록 준비하겠다", "제가 그 부분은 부족함이 많다" 등으로 인정하며 실천 의지를 전달하자. 겸손한 척이 아니라 부족함을 스스로 인정하는 태도가 중요하다.

어차피 면접은 정답을 맞추는 자리가 아니라 자신이 조직에 얼마나 맞는 인재인지를 보여주는 자리이다. 답을 모른다고 그대로 포기해 부족한 사람이라는 인상을 주며 면접을 마무리하는 것보다는, 모르는 부분을 인정하고, 질문 중 자신이 알고 있는 부분을 짧고 강하게 강조하는 것이 좋다.

"질문한 것과 다르게 왜 엉뚱한 이야기를 하나요?"라는 2번째 공격이 들어올 경우, 솔직하게 이유를 말하는 것이 좋다.

질문의 정확한 의도나 내용은 모르겠으나 유사한 지식, 경험이 있을 경우, 혹은 정황적 답변이 가능할 경우, 단서 조항을 제시하고 이에 대한 자신의 생각을 공유하는 방식이다. 질문을 관련 지식으로 바꾸어서 다시 한 번 정리하는 것이다.

예를 들어 마케팅 직무 면접에서 "4차 산업혁명이 기업의 SNS 마케팅에 미치는 영향에 대해서 이야기해보세요"라는 질문을 받았는데, 정확히 답변하기 어렵다면 이렇게 대답해보자.

"4차 산업혁명의 중요한 키워드 중에 하나는 공유경제라고 생각합니다. 공유경제의 개념을 SNS 마케팅에 적용할 경우…."

즉, 자신이 아는 내용으로 질문의 정의나 조건을 좁히면 자신의 지식과 생각 범위 내에서 질문에 맞는 답변을 할 수 있다.

보통 문제 해결형 질문에 해당되는 상황이다. 면접관이 제시한 복잡한 문제 상황에 대한 답변이 생각나지 않을 경우, 질문자의 의도를 파악하고, 질문을 재해석하여 답변하는 것이다.

예를 들어 면접관이 "갈등이 깊어진 조직에서 리더십이 제 기능을 못하다면 원인을 어디에서 찾는 것이 좋을까요"라고 질문했다면, 질문의 내용인 '갈등이 깊어진 조직', '리더십이 제 기능을 못하는 상황' 중 하나를 선택하고 자신의 경험에 빗대어 설명하는 방식이다.

정확한 답은 몰라도 좋다. 단, 모르는 상황에서도 침착하고 논리적으로 대처해야 한다. 그것도 능력이다.

029

다른 사람과 똑같이 이야기했는데, 저만 떨어졌어요

운 좋게 지원하려는 회사에 근무하던 사람을 소개받았습니다. 그 분이 면접 팁을 상세하게 알려주셨어요! 실제로 면접관의 질문도 같았습니다. 최대한 그 분이 합격했을 때와 비슷하게 답변했죠. 또 꼭 물어보는 질문인지, 함께 면접을 본 지원자의 답변도 비슷했습니다. 그런데 저는 떨어졌어요. 질문도 같고 답변도 같았는데, 왜 저는 떨어진 걸까요? 도저히 이해가 되질 않아요.

같은 대답을 하면 차별화가 사라진다

면접의 목적은 평가이지, 단순한 커뮤니케이션이 아니다. 친밀하게 이야기를 나누는 자리도, 적절한 답변인지 단순히 정오로 판단하는 시간도 아니다. 따라서 상대방이 어떠한 방법으로 나를 평가할지를 반드시 알아야 한다.

기업의 1순위 교육 대상은 '면접관'이다. 회사가 제시하는 기준에 정확히 부합되도록 지원자들을 채점하고 평가하는 기술을 향상시키기 위해서다. 따라서 면접관이 배우는 내용을 알면, 면접에서 어떻게 대답해야 하는지도 알 수 있다. '같은 내용도 다르게 보이게 만드는' 면접의 기술은 무엇일까?

같은 내용에 점수를 주지 않는다

면접은 상대평가다. 따라서 다른 후보자와 같거나 동일해 보이는 대답에는 점수를 주지 않는다. 상황에 따라 점수 차이를 두는 정도로 그칠 수도 있지만 특히 같은 내용에 대해서는 야박하다. 만약 질문 특성상 같은 내용을 말할 수밖에 없다면, 다음과 같이 '다르게 보일 수 있는' 방법을 기억하자.

1) 특정 범위로 답변 가능 조건을 달리한다.
2) 자신의 특별한 상황을 제시한다.

3) 근거로 삼을 만한 강력한 팩트를 제시한다.

반드시 앞 사람이 쓰는 단어와 예시가 달라야 한다. 물론 자신
만의 독특하고 주관적인 상황을 제시하는 것이 가장 좋다.

예를 들어 인사 직무에 지원한 후보자라면 커뮤니케이션 능력,
문제 해결력, 상황 대처 능력 등을 알 수 있는 문장으로 답변해야
한다. 면접관은 지원자의 답변 속에서 채점 기준 즉, 해당 직무에
필요한 역량, 능력, 자격 등을 표현하는 내용을 찾는다. 또한 직무
와 얼마나 많은 부분이 부합되는지, 제시한 능력에 근거한 경험
을 보유하고 있는지, 유사한 직무 상황에서 대처가 가능할지, 성
과로 연결 가능한 역량을 갖추었는지 등을 면밀히 파악하여 채점
에 반영한다. 따라서 주어진 짧은 시간 내에 높은 점수를 받으려
면 직무 관련 키워드 중심으로 이야기하는 것이 좋다.

지원자를 바라보고, 시선을 유지하는 시간은 질문 후 겨우
10~15초이다. 이후 면접관은 서류를 보거나 다음으로 무슨 질문
을 할지 고민하기 시작한다. 초반에 들은 내용으로 바로 채점에
들어가므로 반드시 첫 문장에서 승부를 걸어야 한다. 전체 면접

과정에서도 초반에 자신의 강점을 정확히 어필해야 더 강한 인상을 줄 수 있다. 뒤쪽으로 갈수록 불리하다.

　채점자는 주관적이지만, 철저하게 훈련된 주관자이다. 따라서 높은 점수를 받을 수 있을 것이 확실한, 상대방의 머릿속 정곡을 찌르는 한마디가 중요하다. 절대 채점을 마칠 때까지 눈빛을 피하지 마라. 피하면 진다.

030

면접에서 자기소개를
잘하는 방법이 있을까요?

면접을 볼 때 가장 난감하고 민망한 때는 자기소개 시간인 것 같아요. 물론 경력직 이직에서는 신입사원 면접 때처럼 준비된 딱딱한 자기소개는 안 해도 되지만, 그래서 더 무슨 얘기를 해야 할지도 모르겠어요. 어떻게 하면 담당자들의 인상에 잘 박히도록 저를 더 강렬하고 설명할 수 있을까요?

짧고, 임팩트 있게!

서류 전형도, 면접도 결국 정해진 시간 안에 자신을 각인시키는 브랜딩 작업이다. 상대는 정확한 조건과 기준을 가지고 있는 반면에 지원자는 그렇지 않은 상황이라 더욱 불리한 조건에서의 싸움이라고 할 수 있다. 따라서 자신의 강점을 열 가지, 백 가지 줄줄 나열만 하는 형태로는 상대의 마음을 사로잡을 수 없다. 자신을 얼마나 잘 어필하느냐에 따라 당락이 결정되므로, 상대방에게 자신을 각인시키기 위한 전략과 기술이 필요하다.

짧게 표현하라

길고 장황하지 않게, 1분 단위로 자신을 표현해야 한다. 짧고 기억에 남는 문장 뒤에 세부적인 이야기를 연결하는 형태여야 상대방에게 제대로 전달된다. 또한 이야기가 길어질 경우, 말을 하면 할수록 점점 자신은 사라지고 상황이나 다른 등장인물이 강조될 확률이 높아진다. 이를 막기 위해서라도 말은 짧게 하는 편이 좋다.

임팩트 있게 말하라

임팩트 있게 말하라는 것이 무조건 큰소리로 이야기하라는 뜻은 아니다. 강약을 조절하고, 강조할 곳은 끊어 말하고, 목소리 톤을 솔 톤으로 조금 높이고, 처음과 마지막은 힘주어 이야기하는 등의 기술을 말한다. 처음에는 그렇게 말하는 스스로가 굉장히 낯설고 어색하겠지만, 중요한 것은 말하는 본인이 아니라 듣는 상대이다. 상대방이 알아 듣기 쉽도록 말해야 한다는 점을 잊지 말아야 한다.

보통 말하기 훈련을 하다 보면 '다 아는 내용'이라거나 '실전에서는 잘 할 수 있다'고 말하는 사람이 많다. 하지만 그렇게 자신하는 사람 대부분이 실제 상황에서는 생각만큼 유려하게 말할 수 없음을 깨닫고 다시 찾아와 면접 코칭을 받는다. 그때는 이미 한 번의 기회는 사라지고, 시간도 지난 상황이다.

따라서 말하기 훈련을 할 때는 실전과 같이 똑같은 톤과 속도, 억양으로 강약을 조절해가면서 소리 내어 말하기를 추천한다. 말하면서 본인이 어떤 단어나 문장을 반복적으로 틀리는지 등 자신만 아는 약점을 찾고 개선하게 된다.

자기소개는 말 그대로 자신을 처음으로 소개하는 첫 번째 시간이다. 짧고 임팩트 있게 자신을 각인시켜야 한다.

031

이번 주가 면접인데
하나도 준비를 못 했습니다

홧김에 이력서를 넣었는데, 당장 이번 주에 면접을 보자고 하네요. 놓치기 아까운 자리인데, 회사 일이 바빠서 면접 준비를 하나도 못했습니다. 평소에 잘 모르던 회사인지라 더욱 걱정이 크네요. 최소한 알고 가야 하는 정보가 있을까요? 당장 할 수 있는 일 위주로 알려주시면 감사하겠습니다!

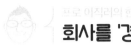

회사를 '경험'하고 가라

이직의 승패는 뭐니 뭐니 해도 면접에서 판가름 난다. 준비되지 못한 면접 앞에서는 화려한 자기소개서와 포트폴리오도 힘을 쓰지 못한다. 따라서 철저한 면접 준비는 필수이다. 하지만 현실은 그렇지 않다.

다양한 분야의 지원자들과 면접을 진행해본 결과, 경력자임에도 면접을 제대로 준비하지 않은 사람이 의외로 많았다. 물론 자신의 현재 경력 자체가 무기라고 생각해 자신감이 넘쳐서일 수도, 나름대로는 준비한 것일 수도 있다. 또한, 바쁜 직장인들인 만큼 짧은 시간 동안 회사를 파악하기가 쉽지만은 않을 것이다.

그러나 면접관의 입장에서는 회사에 대해 잘 모르는 지원자를 면접할 때마다 고민되는 부분이 한둘이 아니다. 실력은 있는 것 같은데, 회사에 제대로 적응할 수 있을지 걱정된다. 약간의 버벅거림이야 애교로 넘어갈 수 있으나 해도 해도 너무한, 절대 해서는 안 되는 실수를 하는 지원자도 많다. 그 내용을 공개하니, 황금 같은 면접 기회가 갑자기 생겼을 때 실수로 어이없게 놓치지 않았으면 한다.

지원 회사의 서비스는 사용해보고 갈 것

자신이 지원한 회사가 어떤 서비스를 하고 있는지, 어떤 상품을 파는지는 필수적으로 알아야 한다. 만약 애플리케이션을 만드는 회사라면 적어도 그 앱을 하루이틀은 다운받아 써보고 자신의 사용 후기는 어떤지, 지원한 직무 차원에서 개선하거나 개발할 수 있는 부분이 무엇인지 등을 대략적으로 정리해서 면접에 임해야 한다. 몇몇 후보자들은 지원 회사의 서비스나 상품에 대해 전혀 모르거나, 쓱 살펴만 보고 면접에 들어가는 무모함을 보이기도 한다. 절대 그래서는 안 된다.

짧은 단답식 말고, 이야기를 구성해 갈 것

질문에 효율적인 답변이 좋긴 하지만, 짧은 단답식으로 답하라는 뜻은 아니다. 경력직의 답변은 적어도 '자신이 어떤 역할을 했고, 어떤 과정을 거쳤으며, 결국 어떤 결과를 얻었는지, 어떤 부분의 개선이 더 필요했는지' 등이 순차적으로 이어지는 서술형이 되어야 한다. 무엇이든 할 수 있다, 혹은 해봤다는 답변만 가지고는 면접관들에게 확신을 줄 수 없다.

아무리 현재 회사가 싫어도 험담은 하지 말 것

당연히 현재 소속된 회사에 불만이 있을 수밖에 없다. 하지만 필요 이상의 긴 험담은 지원한 회사에서도 그럴지 모른다는 우려를 낳는다. 따라서 몇 가지 아쉬웠던 부분을 이야기할 수는 있지만 현재 회사에 대해 처음부터 끝까지 부정적인 얘기만 할 경우에는 지원자의 마음가짐까지 의심받게 되니 조심해야 한다. 면접 시 '이직하려는 이유'는 반드시 물어본다. 따라서 험담으로 들리지 않을 이직 사유를 반드시 한 가지 이상 준비하자.

자신이 어떤 커리어 목표를 가지고 있는지 미리 정리해서, 지원 회사에서 어떤 역할, 위치, 직책 등을 맡고 싶은지 제시해야 한다. "어떠한 역할이든 최선을 다하겠다"는 식의 '충성 모드'는 면접관에게 신뢰를 줄 수 없다. 실제로는 그렇지 않다는 사실을 면접관도 이미 알고 있기 때문이다.

면접관들은 회사에서 장기적으로 함께 일할 인재를 원한다. 따라서 자신의 회사에 얼마만큼 관심이 있는지, 또한 잘 적응해서 오래 일할 사람인지를 면접으로 판가름한다. 면접에 합격하고 싶다면, 당신이 얼마나 이 회사에서 일하고 싶은 사람인지를 보여줘야 한다.

블라인드 면접이라는데,
당연히 유리하겠죠?

면접이 잡혔는데, 면접관들이 제 나이나 출신 학교 등을 모르는 블라인드 면접이라고 합니다. 공기업 신입사원 채용 때 블라인드 면접을 본다는 얘기는 들었는데, 저는 처음이에요. 학력 등이 좋지 못한 편이라, 블라인드 면접이 더 유리할 듯해 다행입니다. 블라인드 면접의 혜택을 가능한 한 많이 보려면 어떻게 하는 게 좋을까요?

실력만 보는 만큼 실력이 중요하다

블라인드 면접은 신입사원 면접에만 해당되는 전형이라고 생각하는 사람이 많다. 또 블라인드 면접이라고 하면 흔히 지원자에게 무조건 유리하다고 생각하지만, 기업이나 인사 담당자 역시 고려할 요소가 '실력'뿐이므로 단순하고 정확하게 판단할 수 있다는 장점이 있어 요즘에는 경력직 면접에도 블라인드 방식을 적용하는 기업이 늘고 있다.

이전에는 개인의 다양한 요소, 즉 경험, 실력, 역량, 능력, 태도 등 여러 가지 요소를 다각도로 검증하고 판단하기 위해 채용에 오랜 시간이 걸렸다. 하지만 이제는 지원자가 기업, 조직, 팀에 필요한 실력을 갖추었는지 위주로 판단하게 됐다. 실력을 가장 객관적으로 평가할 수 있는 방법이 블라인드 면접이다.

따라서 블라인드 면접 역시 미리 준비한 지원자만 성공할 수 있다. 어떻게 블라인드 면접을 대비할 수 있을까? 그 기술을 크게 세 가지로 정리했다.

직무기술서를 철저히 분석하라

자신이 지원한 직무 관련 정보는 각 기업의 '직무기술서'에 다 들어 있다. 따라서 서류 작성이나 면접 준비를 하기 전에 기업의 직무기술서를 먼저 확보하는 것이 좋다. 사실 직무기술서는 기업의 대외비 수준의 내용이므로, 공개되지 않는 경우가 일반적이다. 하지만 요즘은 기업에 따라 모든 직무 정보를 공개하거나, NCS 관련 사이트에서 자세한 내용을 확인할 수 있는 경우도 있다.

무엇보다 자신이 지원한 직무에서 어떤 지식, 능력, 태도를 요구하는지, 요구하는 역량이 어떠한 키워드들로 구성되어 있는지 아는 것이 중요하다. 블라인드 채용은 다른 스펙 요소를 배제한 채, 지원자를 본래 직무에서 요구되는 역량으로만 평가하자는 취지이기에 직무를 철저히 분석하고 이해하는 과정이 꼭 필요하다.

길어지는 면접 시간, 많아지는 문항 수에 대비하라

블라인드 면접에서는 기본 스펙을 묻고 답하는 질문 대신 상황 대처형 질문을 하는 경우가 대부분이다. 어떠한 상황을 제시하고 지원자의 상황 대처력, 문제 해결력, 창의적 대안 제시 능력, 예측 능력 등을 평가하는 형태가 된다. 기존 면접보다 질문과 답변 시간이 길어지고, 각각의 문항 역시 복잡하기 때문에 이에 대한 준비를 하지 않으면 대답하기 쉽지 않다. 특히 복잡한 질문의 의도를 제대로 파악하고 답변하는 능력이 필요하다. 평상시에 다양한 커뮤니티 활동, 시사 이슈 습득, 전문가 멘토링 등 별도의 노력이 필요하다.

말하는 기술과 관련해서는 세 가지가 중요하다.

1) '사실' 중심으로 이야기한다.
2) '자신만의 이야기'가 있어야 한다.
3) '최근 이야기'를 한다.

면접관이 지원자의 스펙, 다양한 숫자 정보를 가지고 있지 않으므로 배경을 간결하게 설명한 후, 정확한 수치를 제시해야 한다. 또한 이야기를 흥미롭게 전개하면 면접을 좀 더 유리하게 리드할 수 있다. 당연히 오래된 이야기보다는 최근의 이야기일수록 재미있다. 따라서 '사실', '이야기', '최근'이라는 세 가지 키워드를 잊지 말자.

경력직 면접에서 자주 나오는
질문이 따로 있나요?

경력직 면접은 신입사원 면접과는 질문이 좀 다를 것 같아요. 신입 때는 '족보' 같은 걸 달달 외워서 들어갔는데, 경력직 면접 때도 그런 게 있겠죠? 그렇다고 어디다 물어보기에는 부끄러운데…. '경력직 면접 족보'가 있으면 좀 알려주세요!

자신의 경력을 강조하라

간혹 '준비를 한다고 했는데 뭔가 불안하다'는 사람이 있다. 그건 준비가 다 되지 않았고, 실제로 부족하단 뜻이다. 준비가 부족하게 느껴지는 이유는 여러 가지가 있겠으나 핵심은 면접관의 질문을 예상하지 못했기 때문이다. 전혀 생각해보지 못했던 질문이 나오면 지원자는 당황하고 횡설수설하다가 앞에서 잘 쌓아왔던 좋은 이미지마저 망치곤 한다.

준비의 첫 번째는 모르는 부분을 확인하는 것이다. 그러면 어떻게 아는 것과 모르는 것을 스스로 알 수 있을까? 아래 질문은 개인적으로 여러 다양한 회사, 직군, 직무의 인재들을 면접하면서 공통적으로 했던 질문 리스트이다. 물론 기업의 규모, 인사 부서의 유무, 면접 가이드의 유무에 따라 차이가 있겠지만 아래 내용 중 질문이 하나 이상 나올 확률이 매우 높다.

질문을 읽고 10초 이내에 답할 수 있어야 한다. 대부분 실전 경험을 묻는 질문이므로, 뜬구름 잡는 배경 설명보다는 본론부터 바로 들어가는 것이 좋다.

이직 면접 시 예상 질문 리스트

자신의 주요 경력, 경험 위주로 포트폴리오를 소개한다면?

본인이 이 회사, 해당 직무에 적합한 인재인 이유는 무엇인가?

현재 직무에서 가장 중요한 역량이 무엇이라고 생각하는가?

조직의 다양한 문제 해결에 있어 가장 중요하고, 먼저 해야 할 일은 무엇인가?

이직할 회사에서 가장 중요하게 보는 건 무엇인가?

현 직장에서 가장 크게 기여한 부분은 무엇이고, 어떻게 능력을 발휘할 수 있었는가?

팀을 이끄는 데 있어 자신만의 강점, 특징, 차별점은 무엇인가?

상사와 이견을 조율했던 경험이 있는가? 가장 효과적이었던 방법은?

본인의 조직 내 커리어 목표 혹은 커리어 최종 목표는?

면접을 준비하면서 회사나 직무에 대해서 궁금했던 사항이 있는가?

답변이 만족스러운가? 중요한 것은 지금부터다. 막혔던 질문이 실제 면접에서 나오면 또 횡설수설할 확률이 높다. 따라서 우선 제대로 답변하지 못했던 질문의 답부터 작성해보고, 대본을 안 보고도 술술 말할 수 있도록 숙지해야 한다. 막혔던 질문이 몇 개인지에 따라 아래와 같이 준비 방법이 달라진다.

1 ~ 2개: 막힌 질문에 대해 10번 이상 반복적으로 답변해본다.

3 ~ 5개: 막힌 질문에 대해 우선 글로 쓴 뒤, 이후 반복적으로 답변해본다.

6개 이상: 전체 질문에 대해 자신의 답변을 각각 5문장씩 글로 작성한 뒤 외운다.

기회가 또 있다고 생각하지 마라. 지금부터 연습을 시작해보자. 앞에서 말했듯이 10초 내에 대답이 나와야 한다! 절실함이 해답이다.

계속 중소기업에 다니다가 이번에 처음으로 대기업에 지원한 직장인입니다. 지원 회사에서 '직무 역량 면접'을 본다고 하는데요. 면접이면 면접이지, 직무 역량 면접은 뭐죠? 어쩐지 어려운 느낌이 듭니다. 직무 역량 면접은 다른 면접이랑 비교해 어떤 점이 다르고, 어떤 점을 특히 더 중요하게 준비해야 할까요?

직무 경험에서 체득한 지식과
자기 생각이 중요하다

갈수록 직무 역량이 중요해지고 있다. NCS에서 블라인드 면접까지, 이름과 형태만 바뀌었을 뿐, 사실 핵심은 동일하다. 면접관들이 묻고 싶은 것은 바로 하나이다. "지원자가 해당 직무에서 요구되는 지식, 능력, 태도를 갖추었는가?"

입사 시 투입될 부서, 해당 직무에서 자신의 역량을 곧바로 발휘할 수 있는지, 지금까지 일하던 곳에서 비슷한 경험은 있는지, 그때 자신의 역할을 잘 수행하고 리더십을 발휘했는지 등. 직군은 다르더라도, 면접관이 지원자를 점검하고 평가하고자 하는 사항은 비슷하다. 그렇다면 면접관들이 직무 역량 파악을 위해 공통적으로 묻는 질문은 무엇일까?

면접관의 질문에는 전부 의도가 있다. 숨겨진 의도를 빠르게 파악해 답변하는 사고력이 중요한 시대이다. 경력직의 경우에도 예외는 아니다. 지금부터 제시하는 열 가지 질문의 답을 각각 10초 이내에 떠올릴 수 있어야 승산이 있다.

해당 직무에서 가장 핵심이 되는 역량에는 무엇이 있다고 생각하는가?
입사 후 직무 수행 시 역량이 부족하다면 이를 개발하기 위한 가장 효과적인 방법은 무엇이라고 생각하는가?

직무 수행 시 난관에 봉착했다면 어떻게 할 것인가?

직무 수행 시 모르는 과제를 해결하는 방법은?

상위 단계의 직무를 가장 빠르게 수행할 수 있는 방법은?

본인의 경험 중 지원 직무와 가장 유사한 경험은 무엇인가?

소속 부서장에게 본인이 가장 어필하고 싶은 능력이나 경험은?

다른 사람들과 비교해서 자신만의 차별화된 능력이나 경험이 있다면?

입사 후 3개월 동안 본인이 꼭 이루고 싶은 것은?

조직에서 능력이 있는 사람과 없는 사람을 구분하는 기준은 무엇이라고 생각하는가?

물론 지원한 산업군에 따라 질문의 내용이나 우선순위는 다를 수 있다. 따라서 열 가지 질문 외에도 해당 직무 종사자들에게 도움을 요청해, 본인만의 예상 질문 리스트를 준비해야 한다.

결론적으로 직무 역량이 답이다. 회사는 화려한 사람이 아닌 당장 필요한 사람을 찾는다.

경력직도 신입처럼
그룹·집단 면접을 진행하나요?

얼마 전 경력 공채에 지원한 7년 차 직장인입니다. 지원한 회사에서 온 메일을 보니 1차 관문이 집단 면접이던데, 경력직은 대부분 일대일 면접 아닌가요? 부담스럽네요. 집단 면접은 7년 전 취업할 때 준비했던 게 전부라…. 경력직 집단 면접은 어떤 부분을 중점적으로 준비해야 하나요? 또 요즘에는 경력직도 이런 식으로 집단 면접을 하는 추세인가요?

그룹 안에서 차별화되려면
실력 이상의 것이 필요하다

최근 경력직 채용에서도 집단 면접이 늘고 있다. 이는 대기업 중심의 경력직 공개 채용이 확대되고 있는 흐름과 연관이 있다. 따라서 면접장에서 당황하지 않으려면, 자신이 지원하는 회사의 면접 형태를 미리 확인해두는 것이 필수다. 그렇다면 경력직의 집단 면접을 대비하는 기술에는 무엇이 있을까.

여러 경력 중에서도 핵심 경력을 어필하라

많은 사람 중에서도 자신을 어필할 수 있는 방법은 차별화이고, 차별화를 위한 최고의 전략은 개인화이다. 따라서 다른 사람과 차별화될 수 있는 나만의 '핵심 경력'을 꼽아 하나의 키워드로 강조하는 것이 최고의 전략이다. 특히 집단 면접에서는 다른 사람들과 눈에 띄는 차이를 보여야 승산이 있다.

트렌디하고 창의적인 경력자임을 강조하라

사실 경력자라면 기술이나 경험은 모두 어느 정도 갖추고 있기 마련이다. 따라서 여러 경력자 중에 자신을 돋보이게 하려면 그 외의 경쟁력을 보여야 하는데, 그중 가장 중요한 능력이 바로 트렌디함과 창의력이다. 요즘 대부분의 기업에게 시대 흐름을 따라

가는 것이 과제로 주어진 만큼, 자신만의 독특한 시각을 강조하여 보여줄 수 있다면 승산은 높다. 따라서 면접을 준비하는 과정에 자신의 직무 관련 트렌드를 파악하고, 최신 경영·경제 부분의 이슈와 자신의 직무 연관성을 찾아 말할 거리를 한두 개 이상 준비해보자.

팀장급 지원자에게 특히 요구하는 역량은 매니지먼트 능력이다. 즉, 후배 직원들을 잘 이끌고, 조직을 성공시킬 수 있는 능력이 있느냐 하는 것이다. 조직 내에서의 다양한 관리 경험은 하루아침에 갖출 수 없으므로, 회사는 매니지먼트 능력을 갖춘 사람에게 높은 점수를 줄 수밖에 없다. 다양한 형태의 리더십이나 훌륭한 인성, 그리고 세대를 뛰어넘는 팀워크를 발휘한 경험을 갖추고 있다고 강조하자.

경쟁은 차별화가 답이다. 또한 차별화는 당신만 가지고 있는 특별한 능력이다.

경력직 피티 면접은 처음입니다. 어떻게 준비해야 하죠?

지원한 회사의 면접 전형 중 프레젠테이션 면접이 있더군요. 면접관 앞에 서자마자 머릿속이 멍해졌습니다. 30분은 이야기한 것 같은데, 시간을 보니 겨우 10분이 지난 거 있죠. 준비했던 멘트는 자꾸 꼬이고, 면접관의 작은 표정 변화까지 신경 쓰느라 해야 할 말들을 전부 놓쳤습니다. 시간은 다 되어 가는데 반도 못했으니 말만 빨라지고 목소리는 떨려왔죠. 게다가 논리정연하게 말한 것 같은데, 면접관에게 "너무 횡설수설 하네요"라는 말까지 들었어요. 머릿속을 스치는 한마디, "망! 햇! 다!"

이야기에 집중할 수 있도록 심플하게!

경력직 프레젠테이션 면접에서 성공하려면 몇 가지를 유념하여 준비해야 한다. 프리젠테이션을 단순한 말하기 정도로 생각해서는 좋은 결과가 나올 수 없다. 자신만의 확실한 전략과 기술을 가지고 준비해야만 한다. 지금부터 프레젠테이션 면접에서 가장 기본이 되는 기술을 알려준다.

이야기부터 준비하라

우선 이야기부터 준비해야 성공한다. 이야기의 시작은 뼈대이다. 물론 '서론-본론-결론' 순서가 돼야 한다. 한 번에 이야기의 흐름을 만들기 어렵다면 주제에 대해 우선 서론, 본론, 결론에 해당되는 내용을 2문장씩 잘라 구성한다. 총 6문장을 읽어보면서 자신이 이야기하고자 하는 바를 전부 담았는지 확인하고, 그렇지 않다면 다시 다듬는다.

다음으로는 뼈대에 살을 붙인다. 본론에는 예시를 적어도 2개 이상 제시해야 한다. 결론에는 자신의 의견을 담는다. 마지막으로 서론을 완성하는데, 최근 유행이나 미디어, 공감대 형성이 가능한 이슈를 하나 정도 포함해 관심을 끄는 것이 좋다. 이렇게 하면 적어도 10분 이상의 분량이 나온다.

가장 심플한 비주얼이 답이다

프레젠테이션 면접은 탬플릿을 시각적으로 얼마나 화려하게 만들 수 있느냐를 보여주는 면접이 아니다. 말 그대로 말하기, 커뮤니케이션 역량을 판단하기 위한 면접이다. 프레젠테이션 화면은 자신의 논리와 생각을 보여주기 위한 보조재일 뿐이다.

간혹 자신의 프레젠테이션 활용 능력을 보여주고자 지나치게 화려한 탬플릿을 만드는 경우가 있다. 하지만 프레젠테이션 면접 진행 시 면접관이 화면이 아닌 지원자를 보도록 만들어야 승산이 있다. 너무 요란한 화면 구성은 면접관의 시선을 분산시키고, 오히려 딴생각을 하게 만들 수도 있다.

따라서 '심플'이 답이다. 최소한의 색깔 사용, 동그라미, 네모, 세모 등의 기본 도형 활용, 꼭 강조할 부분만 볼드체 사용 등으로 심플하게 구성하고, 어떻게 발표할지 생각하는 데 더 시간을 분배하라.

진정성을 담아라

진정성은 어디서 올까? 당연히 '나'의 이야기에서 온다. 따라서 주어진 주제에 맞는 실제 내 경험담을 찾아 연결하고, 자신을 어필해야 한다. 아무리 자료 조사가 훌륭하다고 해도 실제 사례가 없을 경우엔 높은 점수를 받지 못한다. 하지만 지나치게 오래된 이야기, 연대기식 이야기 구성은 면접관이 집중하기 어렵다.

따라서 자신의 이야기를 한 문장, 한 단어, 하나의 색상 등으로 임팩트 있게 보여주고, 3~4문장 정도로 짧게 부연설명 하는 형식으로 구성한다면 확실히 눈길을 끌 수 있다.

자신을 돋보이게 말하는 법은 정해진 시간을 지켜 전략적 사고를 보여주는 것이다. 당신의 소통 능력을 심플하고 강력하게 강조하라.

면접은 종류별로 지원자에게 중요시 여기는 포인트가 다르다. 따라서 맞춤형으로 자신의 강점과 특징을 잘 준비하여 어필해야 한다.

역량 면접: 지원 직무에서 요구되는 경험, 전문지식이 있고, 자기 생각을 논리적으로 표현하는가?
인성 면접: 일에 대한 열정, 목표·결과 지향성, 타인 존중 및 팀워크 등이 보이는가?
프레젠테이션 면접: 다른 사람을 논리적으로 설득할 만큼 커뮤니케이션 역량이 있는가?
최종 면접: 회사·서비스에 대한 높은 이해도, 조직 내 커리어 목표 등이 존재하는가?

면접 때 해서는
안 되는 행동이 있나요?

여러 번 이직한 경험이 있습니다. 그런데 "대답은 잘한 거 같은데 떨어졌어. 왜지?" 하는 경우도 있었고, "면접을 완전히 망쳤다고 생각했는데 붙었네?" 하는 경우도 있었습니다. 그냥 면접관에 따른 운일까요? 이번에도 면접을 보러 가는데, 차이를 잘 모르겠어요. 면접관들 앞에서 특별히 하지 않아야 할 행동이 있고, 실제로 그런 게 면접에 영향을 줄까요?

면접관을 신경 쓰이게 하지 마라

비슷한 답변을 하는 두 후보자가 있을 경우, 무엇이 승패를 가를까? 또한 1시간 넘게 팽팽한 긴장감이 이어지는 면접 자리에서 면접관이 지원자의 잠재 역량을 판단하는 기준은 과연 무엇일까. 지난 15년 동안 1,000번 이상의 면접 과정을 통해 다양한 인재를 검증하고 뽑았던 경험에 따르면, 면접관이 특히 신경 쓰는 부분은 바로 '태도'이다.

특히나 면접에 합격하기 위해서는 무엇을 꼭 해야 하는 것이 아니라, 실패가 될 만한 요소를 최소화해야 한다. 면접관을 신경 쓰이게 만드는 행동을 절대 해서는 안 된다. 한 번 신경이 한쪽으로 쏠리면, 면접관은 지원자의 역량이 아니라 그 작은 부분에만 집중하게 된다.

취업준비생, 경력자 할 것 없이 면접에서 절대 해서는 안 될 아홉 가지 행동을 숙지하고, 면접 전까지 몸에 익힐 수 있도록 훈련하자.

면접 때 해서는 안 되는 행동 체크 리스트

면접관의 눈을 피해서는 안 된다. 특히 질문을 받거나 대답할 때는 반드시 면접관의 눈을 똑바로 바라봐야 한다.

앉아 있을 때 고개를 숙이거나 자신감 없는 태도를 보여서는 안 된다.

손이 무릎 위에 경직되어, 딱 붙어 있어서는 안 된다. 손과 말은 한 세트이다. 손짓을 활용하면 말에 더욱 자신감이 생긴다.

경직되거나 심각하고 불안한 표정을 유지해서는 안 된다.

긴장을 보여주는 습관은 반드시 고쳐야 한다(예: 머리 넘기기, 귀 만지기, 다리 떨기 등).

울지 마라. 아무리 힘든 일이었다고 하더라도, 면접 자리에서는 공감받지 못한다.

너무 튀는 의상, 액세서리, 구두, 넥타이 등 지양하라. 창의력은 '이야기'로 보여라.

친구와 대화하는 듯한 어투는 금물이다(예: ~했어요, 근데요, 있잖아요, 그랬는데요 등).

마지막 인사를 대충 하지 마라. 마지막 모습으로 결론이 난다.

　태도를 보면 마음이 보이고, 생각이 들린다. 지원자의 능력이 검증되기까지는 절대적 시간이 필요하므로, 그 전까지는 지원자의 잠재 능력이 중요하다. 잠재 능력을 어필하는 가장 빠른 방법이 좋은 태도이다.

　인사 업무를 처음 시작하면서부터 선배들에게 계속 들었던 말이 있다. '태도가 전부다!' 그렇다. 자신감과 잠재 능력은 태도로 충분히 어필할 수 있다.

마지막 '질문 있나요?' 순간에 자신을 돋보이게 하려면?

몇 번이나 면접을 봐왔지만, 면접관이 계속 질문을 하다가 마지막에 '질문 있으신 분 계신가요?' 하고 물어보는 순간이 제일 난 감합니다. 가만히 있기에는 민망하고 회사에 관심이 없어 보이는 것처럼 느껴지는데, 그렇다고 나서서 질문하기엔 너무 튀는 느낌이에요. 좋은 질문이 있을까요?

임팩트 있는 마무리가 중요하다

면접의 마지막 단계는 늘 후보자로부터 질문을 받는 순서이다. '어떠한 것도 좋으니'라는 단서를 달면서 열린 마음으로 듣겠다는 자세를 취하지만 '어떤'이라는 형용사에 속으면 안 된다. 회사와 너무 동떨어진 질문을 하는 경우, 좋지 않은 인상을 줄 수도 있기 때문이다. 과연 어떠한 질문을 해야 실제 궁금증도 해소하고, 면접관의 마음 역시 긍정적으로 바꾸거나 유리한 쪽으로 굳힐 수 있을까?

무엇이든 처음과 마지막이 가장 중요하다. 아직 면접이 끝나지 않은 상황에서 자신에게 온 마지막 기회를 역전의 순간으로 만드는 질문이 필요하다.

계속 강조했듯 면접은 해당 직무에 적합한 사람을 찾는 과정이다. 따라서 마지막 순간에도 직무에서 요구되는 역량, 능력, 기술, 자격 등을 위주로 자신을 어필해야 한다. 면접이 끝난 시점에 괜한 질문, 예를 들어 단순한 궁금증이라든지, 업계 소문, 채용 과정상의 개인적인 의문 등을 묻는 순수함은 오히려 본인에게 불리한 쪽으로 상황을 반전시키기도 한다. 따라서 해당 직무 채용 시 가장 우선시되는 조건은 무엇인지, 회사에서 가장 중점적으로 개선하려고 노력 중인 부분은 무엇인지 등 지원 직무, 성과와 연결된 질문이 가장 좋다.

사람이라면 누구나 자신을 알아주는 사람에게 관심이 쏠리게 된다. 회사를 대표해서 나온 면접관들 역시 마찬가지다. 따라서 지원한 회사에 대한 최신 정보를 확인해야 한다. 적어도 포털 사이트에 나오는 키워드 수준을 넘어선 관련 기사 몇 가지는 읽어보고, 스스로 궁금한 점을 만들어 면접에 임하는 것이 좋다.

질문을 할 때는 "이런 기사를 봤는데 맞나요?" 같은 폐쇄형 질문보다는 "이런 기사를 봤는데 앞으로 관련 계획이 어떻게 되나요?"처럼 열린 질문이 적합하다.

면접은 결국 면접관이라는 평가자들의 동의를 얻는 과정이다. 따라서 자신이 면접을 본 조직, 커뮤니티에 들어가는 것이 당연하다는 듯이 이야기하면 좋다. 예를 들어 '제가 입사한다고 했을 때', '입사 후', '같은 부서에서 근무한다면' 등의 문장과 단어를 사용하면 꼭 입사하고자 하는 본인의 의지를 표현할 수 있다. 이런 표현을 사용해 회사나 면접에 대한 면접관의 개인적인 의견을 정중히 물어보자.

소통은 주고받는 것이다. 따라서 본인이 면접 중 한 말에 관해 상대방의 생각을 물으면 공감대를 얻는 데 유리하다. 마지막 순간에 정중히 면접관들의 피드백을 요청하는 것을 추천한다. 피드백을 잘 듣고, 고칠 점이 있을 경우 그대로 행동하겠다는 굳은 의지를 표현하면 면접관에게 강한 인상을 심어줄 수 있다.

혹시나 처음을 망쳤다고 해도 마지막까지 포기하지 마라. 문닫고 나가는 순간까지 아무도 결과는 알 수 없다. '마지막 인상'을 결정하는 것이 바로 '마지막 질문'이다. 끝났다고 해도 끝난 것이 아니다.

저도 회사를 면접할 수 있는
방법이 있을까요?

지난 이직 때는 모든 게 처음이라서, 정신없이 면접을 보고 궁금한 건 하나도 묻지 못했습니다. 결과적으로 생각했던 것보다 급여 수준도, 복지도 좋지 못해서 금방 퇴사하고 말았죠. 이번에 면접을 보러 갈 때는 그런 부분도 꼭 확인하고 싶은데요. 통 입이 떨어지지 않네요. 회사를 '면접'할 수 있는 방법이 있을까요?

나중에 후회하지 말고 제대로 물어보자

"합격은 했는데 가야 할지 고민됩니다", "주말에 나오는 회사인지 아닌지 물어보지를 못했네요", "면접에서 보여지는 이미지로는 조직문화가 어떤지 모르겠어요" 등. 의외로 합격 연락을 받고도 입사할지 말지를 고민하는 구직자가 많다.

면접 마지막에 기업 차원에서 회사에 대해 질문이 있는지 물어보긴 하지만, 정말 궁금한 건 물어보지 못하기 때문이다. 앞에서 말했던 것처럼, 지원자들이 각자 중요하게 생각하는 가치, 즉 '저녁이 있는 삶인지', '승진은 잘 되는지', '여성들도 커리어 개발에 제한은 없는지' 등을 묻고 싶어도 잘못 질문하면 마이너스가 될 것만 같아 망설이게 된다.

하지만 면접은 지원자가 회사를 선택하는 자리이기도 하다. 따라서 자신의 가치를 보여주는 동시에 자신만의 기준을 가지고 회사의 가치를 명확하게 확인하는 시간이 되어야 한다. 면접 자리에서 지원자가 꼭 확인하면 좋을 사항에 대해 불이익을 받지 않도록 질문하는 방법을 공유한다.

회사를 면접하는 질문 리스트

비전 있는 회사인지 판단하고 싶다면: 회사가 가장 중점적으로 추진하고 있는 사업은 무엇인가요?

승진, 연봉 인상 등과 연계된 사항이 알고 싶다면: 회사의 우수 인력의 평가 기준은 무엇인가요?

고용 형태, 근무 시간 등이 궁금하다면(단, 공채의 경우는 예외): 지원 직무의 고용 형태는 어떻게 되나요?

조직문화를 판단해보고 싶다면: 이 회사에서 협업 시 가장 중요한 것은 무언인가요?

묻기 어려운 질문이라고 생각할 수 있다. 하지만 어차피 회사에 입사하기 전에 전부 확인해야 하는 사항이다. 그래야 입사 이후 다시 퇴사하거나 후회하는 불상사를 막을 수 있다. 이제는 개인이 회사를 선택하는 시대이다.

최종 면접에서 벌써
네 번이나 떨어졌습니다

지금은 작은 회사에 다니는 중이지만 미래를 위해 큰 회사로 이직을 계속 준비 중입니다. 그런데 최종 면접에서 벌써 네 번이나 떨어졌어요. 최종 면접에서는 긴장되긴 했지만 특별히 어려운 걸 물어보진 않았거든요. 서류, 실무 면접도 아니고 최종 면접에서 계속 떨어지니 주변에서도 의아하게 생각하네요. 대체 이유가 뭘까요?

선택받는 것이 아니라
탈락을 피해야 한다

최종 면접은 합격을 위한 마지막 관문이다. 사실 여기까지 왔으면 어느 정도 합격을 생각해도 괜찮다. 따라서 매번 최종 면접에서 탈락의 고배를 마신다면 분명히 고쳐야 할 이유가 있다는 뜻이다.

중요한 건 그 이유를 어느 누구도 말해주지 않는다는 사실이다. 물론 채용의 전 과정에서 지원자의 탈락 이유를 직접 이야기해주는 회사는 거의 존재하지 않지만, 최종 면접은 회사의 CEO까지 개입되는 문제인 만큼 특히나 정확한 이유를 알기 어렵다. 대부분의 지원자가 최종 면접에서 고배를 마시는 이유는 면접관의 최종 선택에서 벗어났기 때문이다.

면접관의 입장에서 보면, 면접은 누군가를 합격시키기 위한 과정이라기보다 '탈락자 정하기'에 가깝다. 특히 경력이 비슷한 여러 명의 후보가 있는 경력 공채의 경우, 처음부터 탈락자를 빠르게 걸러내야만 한다. 따라서 지원자의 입장이 아닌 면접관의 입장에서 '어떤 후보자를 제외시킬 확률이 큰지' 알아두면 이직에 성공할 확률도 커진다.

면접에 참가해본 사람이라면 알겠지만, 면접관의 선택은 순간적이다. 사실 면접 시간이 1시간이라고 해도 큰 의미 없는 질문과 답변으로 시간을 채우는 경우도 많다. 또한 2명 이상이 함께 들어가는 면접에서는 '배정의 운'까지 따라줘야만 한다. 어떠한 상황에서도 '탈락자' 그룹에 속하지 않도록 끝날 때까지 집중력을 잃지 않고 몰입하는 능력이 필요하다. 그렇다면 면접관은 마지막 선택의 순간, 어떤 후보자들을 탈락시킬까?

지원하는 회사나 상품을 모르는 후보자는 탈락시킨다

'복지가 좋은 회사 같아서 지원했다', '찾아봤더니 여러 가지로 운영하는 게 많아서 좋았다', '어렸을 때부터 해보고 싶었던 일이었다' 등 지원한 회사나 상품, 서비스에 대한 이해 없이 다른 사람의 추천이나 단순한 겉모습으로 회사에 지원한 것이 눈에 보이는 후보자는 탈락시킨다.

말이 장황한 후보자는 탈락시킨다

조직의 모든 일은 커뮤니케이션으로 귀결된다. 따라서 소통 능력이 부족하면 본인뿐만 아니라 조직 내의 다른 직원들까지 힘들어진다. 소통의 핵심은 잘 듣고, 정확히 파악해서, 효율적으로 전달하는 것이다. 따라서 별것 아닌 내용을 늘려서 길게 말하거나 커뮤니케이션이 힘들 것 같다고 느껴지는 후보는 탈락시키게 된다.

CEO도 하나의 프로젝트를 처음부터 끝까지 혼자서 다 해낼 수 없는 시대다. 어떻게 단 한 번도 협력하지 않고 모든 일을 혼자서 다 이뤄낼 수 있을까? 설령 혼자서 전부 다 했다 하더라도, 남의 도움은 없어도 된다는 식으로 말하는 지원자는 믿기 힘들다. 자신의 성과를 정확하게 강조하되, 모든 일을 다 자신이 해냈다고 말해서는 좋은 인상을 줄 수 없다. 회사는 업무를 혼자가 아닌 여럿이 잘 해낼 수 있는 인재가 필요하다.

퇴사는 이상한 일이 아니다. 회사의 경영 악화나 부당한 상황으로 인한 어쩔 수 없는 퇴사도 많다. 하지만 그냥, 단지, 개인적인 이유로 등 아무런 의미 없는 단절이 많을 경우, 면접관은 이 회사에서도 똑같이 행동할지도 모른다고 걱정하게 된다. 자신이 전 직장을 퇴사한 이유를 적어도 면접관들이 납득할 수 있도록 설명할 준비가 되어 있어야 한다.

면접처럼 긴장되고 중요한 순간에서도 상대방의 이야기를 받아들이지 못하는데, 입사하고 나서는 커뮤니케이션이 잘 된다? 바로 '그럴 수 있다'고 확신하지 못한다. 물론 면접관이 불합리한 이야기를 하는데 전부 수긍하라는 뜻은 아니다. 면접관의 잘못된 질문이나 대응에 대해서는 철저하게 거부해야 한다. 하지만 면접 시 의견이 충돌하는 경우는 대부분 수용의 문제이자 상대를 인정하느냐의 문제이다. 면접관과 이견이 생겨서 질문과 답변이 3차례 이상 반복될 경우, 우선 결론부터 짓는 것이 좋다. 면접관에게 굴복하라는 뜻이 아니라 좀 더 나은 대안을 찾기 위한 과정이다.

예를 들어 자신이 제시한 해결책에 면접관이 자꾸 "현실성이 없지 않나요?" 등으로 다른 의견을 계속 제시한다면, 자신이 답변한 내용이 왜 현실성이 있는가를 강하게 주장하기보다는 "면접관님의 말씀처럼…" 하고 다른 방향으로 답을 제시하는 것이다.

물론 각각 회사의 규모나 상황에 따라 기준이 다를 수는 있다. 하지만 인사 담당자로서, 이제는 사업 리더로서 채용 과정에서 늘 비슷한 부분을 고민한다. 끝까지 당당함을 잃지 않는 힘은 경험과 지혜로부터 나온다. 매일매일 최선을 다해 작은 목표를 이루어가고, 그런 자신을 강조하는 것이 합격의 핵심이다. 오늘이 내일의 전부다.

Q41

최종 면접 후 평판 조회를
한다는데, 합격에 영향을 주나요?

이직 고민 상담 코너

얼마 전 면접을 본 곳에서 평판 조회를 진행하겠다고 연락이 왔습니다. 본인들이 지정한 업체가 있으니 연락이 오면 알려주는 대로 진행하면 된다고 하네요. 외부 기관에서 제 평판을 조회한다는 사실이 좀 생소한데, 혹시 문제되는 건 아니겠죠? 외국계 회사라 이 과정이 중요한 것 같긴 한데 어떻게 준비해야 하는지, 그냥 업체가 시키는 대로 하면 되는 건지 궁금합니다.

평판 조회가 진짜 최종 면접이다

기업이 인재를 채용할 때 여러 가지 단계를 거쳐도 입사 이후 높은 성과를 보일 수 있는지 확신할 수 없다. 그래서 요즘 대부분의 회사들이 레퍼런스 체크(Reference Check), 즉 평판 조회 과정을 도입하고 있다.

면접에서 미처 확인하지 못한 부분을 평판 조회를 통해 이전 경력, 경험 속에서 확인하고자 하는 것이다. 과거 성공 경험이 있는 지원자가 이직 후 조직에도 확실한 성장을 가져올 수 있다는 판단으로, 평판 조회의 중요도는 점점 높아지고 있다.

하지만 정작 이직을 준비하는 경력직들은 평판 조회를 단순한 설문조사 정도로만 생각하고 큰 준비를 하고 있지 않다. 또, 준비를 어떻게 해야 할지도 모른다. 그런 지원자들을 위해 평판 조회에 대비하는 몇 가지 기술을 공개한다.

제일 중요한 것은 태도와 인성이다

대부분의 사람들이 평판 조회에서 제일 중요한 것을 성과, 실적, 능력이라고 생각할 것이다. 하지만 평판 조회를 통해 가장 중요하게 체크하는 부분은 함께 일하는 조직 안에서의 태도와 인성이다.

물론 성과가 낮아도 태도만 좋으면 된다는 뜻은 아니다. 다만 이전의 면접 단계에서 성과를 1차적으로 확인했으므로, 능력치가 낮으면 평판 조회 단계까지 가지도 못했을 것이다. 특히 자신이 팀장급이라면 평상시에 독불장군 같이 혼자만 성과를 독식하거나 다른 조직원들을 고려하지 않는 태도를 보이지는 않았는지 스스로 돌아봐야 한다.

상대도 인정할 수 있는 성과를 쌓아라

아무도 내 성과를 모르면, 누구도 자신에 대해 정확히 말해줄 수 없다. 물론 보여주기식 성과만 추구해서도 안되지만, 내가 지정한 사람이든 임의적으로 선택된 사람이든 간에, 성과를 물어봤을 때 '이것이다'라고 대답할 수 있는 결과가 보여야 한다.

조직 내에서 일할 때, 끊임없이 협업하고 중간 상황을 공유해야 하는 이유다. 본인이 프로젝트 리더이거나 파트장이라면 더더욱 다른 사람들과 성공을 공유하고, 때로는 그들의 몫으로 돌리는 과감한 결정도 필요하다. 성과는 나눠야 커진다.

회사 밖에서의 관계 브랜드가 중요하다

평판 조회는 결국 관계가 핵심이다. 회사 안에서뿐만 아니라 회사 밖에서도, 특히 자신의 상사가 아닌 부하 직원, 거래처 관계자, 제휴사 직원과의 관계에서도 긍정적인 브랜드를 구축해야 한다. 요즘은 대부분 SNS로 연결되어 있으므로 평판 조회를 위한 네트워크를 만들기도 용이하다. 평상시에도 관계 브랜드를 쌓아야만 나중에 그들이 당신의 확실한 지지자가 되어줄 수 있다.

조직 내에서 윤리적·도덕적 문제가 있었다거나, 허위사실을 제출했을 경우에도 당연히 평판 조회에서 문제가 된다. 결국 현 조직에서 올바르고 성실하게 일해야만 또 다른 기회가 오는 것이다. 성공이 기회를 부른다.

TIP

평판 조회 과정

일반적으로 평판 조회는 1) 인사팀 내 담당자가 직접 하거나 2) 후보자를 추천한 헤드헌터를 통해서 진행하거나 3) 평판 조회 전문 기관을 활용한다. 2), 3)의 경우가 일반적이다.

우선 해당 후보자와 같이 근무했던 과거 동료 그룹(상사, 동료, 부하 직원 등)을 정하고, 이들에게 후보자의 과거 경력 사항을 확인하게 된다.

전문 기관의 경우 후보자의 학교, 경력 등 제출한 자료의 정확성까지 체크하기도 하며, 혹시나 과거 근무 기간 내 사건사고가 발생하지는 않았는지 꼼꼼히 확인한다(예: 금융회사라면 직무 수행 기간 내 해당 직무 관련 범죄 사실 유무).

평판 조회는 해당 포지션의 직급, 직책, 중요도에 따라 그 범위나 진행 내용을 선택적으로 활용하므로, 이에 대해서 불편함을 느끼지는 말자.

Part 4

합격 통지를 받았습니다!
잘 마무리하고
새롭게 시작하려면?

합격 후 바로 회사에
통보하는 것이 좋나요?

어제 기다리던 최종 합격 통지를 받았습니다. 고심하며 기다렸던 순간이라 기쁘기도 하고, 이제 어떻게 해야 하나 걱정도 생기네요. 처음 하는 이직이라, 회사에 퇴사 통보하는 순간이 걱정되기도 하고요. 그래도 지금 다니는 회사에는 다음 주에 출근하자마자 퇴사하겠다고 바로 이야기를 하는 것이 맞겠죠?

통보 전 해야 할 일이 많다!

회사에 '퇴사'라는 엄청난 결정을 통보하는 것이 부담스러운 건 당연하다. 경험이 없을수록 걱정은 커지고, 바로 실행에 옮기기도 무섭다. 하지만 언젠가는 해야 할 일이다.

당신이 퇴사를 통보한 이후부터 회사는 대책을 세우고 채용 절차나 인수인계 과정을 진행하게 된다. 소속 부서의 팀장과 인사팀장, 담당자 간에 대화와 이견 조율이 이루어지고, 그에 따라 회사 차원의 절차가 이루어질 것이다.

하지만 가장 중요한 것은 '다음'을 준비하는 일이다. 회사에 통보하기 전, 먼저 마음을 결정해야 한다. 회사에서 어떤 조건을 제시하든 무조건 옮길 것인지 혹은 조건에 따라 이직을 다시 생각할 것인지 등. 다시 말하지만 중요한 것은 자신의 결정과 소신이다. 흔들리지 않을 확신이 있어야 나중에 문제가 적다. 그 과정을 하나씩 살펴보자.

이직할 회사와의 최종 결정이 필요하다

퇴직 면담에 들어가기 전, 이직할 회사와 최종적으로 연봉 및 입사 일자 등이 결정되어야 한다. 우선 입사 일정을 확정하고 현재 회사와 퇴직일을 조정해야 혹시 모를 문제가 발생하지 않는다. 이직할 회사와 최종 결정이 되지 않은 상황에서 현 소속 회사와 퇴직 일자 등을 먼저 이야기하게 되면, 중간에 공백이 생기거나 입사 가능 시기가 예상보다 늦어져 옮길 회사와 다시 협상해야 할 수도 있다.

퇴사 면담을 미리 준비하라

소속 부서장 또는 인사팀과의 퇴사 면담 이후 현재 담당 업무의 종결 방법, 퇴직 일자 및 퇴직 절차, 인수인계 범위 등을 논의하고 결정하게 된다. 면담 과정에서 여러 가지 조건이나 옵션을 제시하며 잔류하기를 권유하거나 협상하는 경우도 있으므로, '연봉을 얼마 이상 올려주면 남겠다' 혹은 '무조건 퇴사하겠다' 등 사전에 확고한 마음 정리가 중요하다.

사람, 일, 시간 등의 마무리를 준비하라

회사를 떠나는 것은 '사람'을 떠나는 일이기도 하다. '회사 = 일'이라고 생각해서 업무 정리만 잘 하고 나가면 된다고 생각하는 경우가 많다. 물론 인수인계 등 업무를 잘 마무리하는 것은 기본이다. 일을 잘 마무리하는 것을 사람과의 관계를 마무리하는 첫 번째 방법이기 때문이다.

하지만 현장에서 다시 만나게 되는 건 일이 아니라 사람이다. 따라서 원래 친했던 사람은 물론, 업무상으로 관계를 맺었던 사람들과도 제대로 끝맺음해야 한다.

마지막으로 새로운 회사에서 일하기 전, 잠시나마 스스로 돌아보고 준비하는 시간을 가지는 걸 추천한다.

최종 합격 연락이 왔다고 해서 신이 나 현재 회사에 바로 퇴사를 통보해서는 안 된다. 어차피 사람은 다시 만나게 되어 있는 만큼, 확실한 마무리를 위해 먼저 자신의 마음을 마무리하는 과정이 필요하다.

연봉 협상 전에
미리 준비해야 하는 것이 있나요?

합격 후 이직 연봉 협상을 앞두고 있는 직장인입니다. 협상 전에 제가 준비할 게 있을까요? 그냥 제시되는 금액만 보고 판단하면 되는 게 아닌가요? 지금 회사보다 월급을 많이 올렸으면 좋겠는데, 협상에 성공할 수 있도록 필요한 자료가 많다면 미리 준비해 가고 싶습니다.

조건을 미리 '숫자'로 준비하라

많은 직장인이 연봉 상승을 기대하며 이직을 하지만, 막상 연봉 협상 과정에 대해서는 잘 모르는 경우가 많다. 실제로 이직 시 연봉 협상은 지원자에게 가장 어렵고 민감한 숙제이다. 어디를 찾아봐도 자세히 가르쳐주는 곳은 없고, 잘못된 협상의 책임 또한 개인이 고스란히 지게 된다. 면접을 아무리 잘 봤고, 회사가 아무리 좋다 해도 연봉이 따라주지 않으면 지원자는 회사를 포기하게 된다. 그만큼 연봉은 중요한 문제이다.

이직처럼, 연봉 협상 역시 아무런 준비 없이 임하면 후회하는 경우가 많다. 상대편인 인사 담당자는 회사의 기준과 직무별 협상 사례, 지원자의 연봉 수준까지 꼼꼼히 파악하고 있는 데다 필요할 경우 헤드헌터까지 활용해 다양한 설득 작전을 펼칠 것이다. 아무 준비도 하지 않았다면, 지원자는 속수무책으로 끌려다닐 확률이 높다. 따라서 지원자도 연봉 협상에 들어가기 전, 몇 가지를 반드시 확인하는 것이 좋다.

후회 없는 연봉 협상을 위해 지원자가 반드시 사전에 체크하고, 인사 담당자에게 '숫자'로 제시해야 할 항목들을 소개한다.

총보상에 포함되는 항목

연봉 포함 내역(예: 기본급 + 식대 + 교통비 외)

성과급의 형태(예: KPI 달성에 따른 전체 배분 vs 직무별 배분)

복리후생 중 현금성 금액(예: 건강보험료 개인 부담금 지원)

최근 3년간 연봉 인상률과 성과급 지급률

복리후생 관련 항목:

직급, 직책별 차등 지원 프로그램(예: 팀장 이상 별도 복리후생비)

사이닝 보너스, 스톡옵션 등 우수 인재 특별 보상 지원책 유무

퇴직연금제도 등 직원 대상 인사 제도(예: 자녀 학자금, 교육비 외)

임원 차량 지원, 판관비, 자기계발비 등

자신이 궁금한 사항을 리스트로 정리한 후 메일로 문의하고, 필요시 유선상으로 커뮤니케이션하면서 다시 확인하는 것이 좋다. 다만, 꼼꼼하고 정확하다는 인상이 남도록, 따지듯이 묻고 확인하기보다는 인사 담당자와 최대한 정중하게 소통할 것을 추천한다. 알아야 이긴다. 연봉은 협상이지 통보가 아니다!

보상 항목 리스트

회사마다 보상 구조나 내용은 천차만별이다. 이 부분은 제외하고 총보상 개념으로 몇 가지 주요 항목을 구분해보고자 한다. 특히 요즘은 우수한 인재를 채용하기 위해 각 회사만의 독특한 제도를 운영하는 경우가 있으므로, 그 부분은 각자 확인해봐야 한다.

- **급여**: 연봉, 제수당, 상여금 등
- **경영성과급**: 영업이익 성과에 따른 개인성과급 등
- **복리후생**: 건강 검진, 선택적 복리후생, 콘도 지원 등
- **교육 계발**: 경력 개발 제도, 직급별 교육 프로그램, 온라인 교육 프로그램 등
- **근무 환경**: 자율출퇴근제, 유연·재택근무, 수평적인 문화 등

입사에 지장이 없으려면
희망연봉을 얼마나 높여야 할까요?

30대 직장인입니다. 최종 합격 통보를 받았고, 이제 연봉 협상을 하려는데 얼마나 요구해야 하는지 잘 모르겠습니다. 작년 평가 결과에 따라 올 초 현재 회사에서 연봉 인상을 하기도 했고, 새로운 회사가 나름 인지도 있는 곳이라 주위에서는 무조건 높게 부르라고 하네요. 그냥 무턱대고 받고 싶은 만큼 부르면 중간에서 협상이 될까요? 너무 높게 제시하면 불이익이 있는 건 아닐지, 가이드를 구체적으로 알려주시면 좋겠습니다.

마지노선을 생각하고 '질러라'

연봉 인상의 기준은 각 회사, 직무, 상황에 따라 다르므로 '얼마면 된다'라고 딱 정해서 이야기하기 어려운 주제이다. 국내 기업이냐 외국계냐부터 시작해 직무, 나이, 연차, 회사 규모 등 여러 가지 변수가 많고, 심지어 이직하는 시기에 따라서도 차이가 있다. 하지만 공통적으로 삼을 만한 '기준'은 있다. 그 근거가 합리적이라면, 원하는 만큼 협상이 이뤄지지 않더라도 회사에 당신의 가치를 보여줄 수 있는 기회가 되며, 이후의 연봉 협상 시에도 반영될 수 있다.

현재의 총보상을 인상의 기준으로 하라

단순 월 급여의 합산이 아니라 1년 기준 현금성으로 받는 총보상액을 연봉 인상의 기준으로 삼아야 한다. 그래야 이직 후에 실제 월 수령액이나 원천징수액을 보고 땅을 치며 후회하는 일이 없다. 상여금, 자기계발비 등이 회사마다 큰 차이가 나는 만큼 자신이 기존 회사에서 받은 총금액을 꼼꼼하게 따져보는 과정이 필요하다.

현금성 급여와 보장성 프로그램을 분리해서 생각하라

회사마다 급여 관련 제도는 천차만별이다. 특히 대기업에서 대기업으로 이직할 경우, 당연하다고 생각했던 제도나 프로그램도 확연히 다를 수 있으므로 자세히 따져봐야 한다. 기존 회사에서는 월급에 포함해 현금으로 지급하던 금액을 이직할 회사에서는 쿠폰이나 복리후생으로 지원한다면, 월 수령액에 확실히 차이가 생긴다. 이런 부분을 연봉 협상 시 담당자에게 제대로 어필해야 예를 들어 익년도 평가 보상 시즌 등 입사 후 기회가 있을 때, 연봉 인상을 다시 기대할 수 있다.

마지노선은 마음속에 정하고 시작하라

협상은 양쪽의 의사를 절충하는 과정이다. 한쪽은 강력한 기준을 가지고 협상에 임하는데, 다른 쪽은 기준이 마련되어 있지 않으면 결국 상대의 뜻대로 진행되는 경우가 생긴다. 따라서 자신만의 마지노선, '이 정도 금액이 아니면 이직을 포기한다'의 기준은 있어야 한다. 그래야만 회사나 인사 담당자도 '잘못하면 인재 확보가 어려워진다'는 리스크를 안고 협상에 신중히 임하게 된다.

앞에서 말했듯, 협상은 과정이지 결론이 아니다. 자신의 기준을 모두 포기하면서까지 회사에 맞출 필요는 없다. 자신감을 가지고 당당하게 임하는 자세도 필요하다. 두려우면 지는 것이다. 반대로 당당하면 시작부터 유리하다!

연봉 협상에 임할 때의
자세가 궁금합니다

8년 차 경력직이라 연말 연봉 협상에서는 성공하는 노하우가 생겼다고 생각하는데, 이직 시 연봉 협상은 어떻게 하면 잘하는 건지 잘 모르겠네요. 주변에서 놀라운 인상률로 이직하시는 분들의 이야기를 듣다 보면 정말 부러워요! 저도 꼭 연봉을 제대로 올리고 싶습니다. 연봉 협상, 성공하는 비법이 있다면 알려주세요.

좋은 태도로 공략하면 답이 보인다

지원자와 연봉 협상을 하다 보면, 유난히 자신에게 유리한 조건으로 협상을 잘하는 사람들이 있다. 그들의 특징만 제대로 이해해도 연봉을 좀 더 올릴 수 있다. 연봉 협상에 성공하는 사람들은 과연 어떠한 특징을 보일까.

자신의 협상 조건에 대한 확실한 기준이 있다. 총보상 측면에서 정확한 액수나 인상률을 제시하고, 또한 그 근거나 배경도 확실히 존재한다. '지금 회사보다는 높아야 한다'는 막연한 접근은 하지 않는다. 자신이 속한 산업군과 직무를 잘 이해하고, 직종별 연봉 정보나 트렌드에도 밝아 인사 담당자를 놀라게 하는 경우 역시 존재한다.

전화로 협상을 마치지 않는다. 유선상의 대화는 증거가 남지 않고, 서로 부정확하게 이해할 확률도 높기 때문이다. 자신에게 제시된 조건을 메일이나 문서 등을 통해 전달받고, 이견이 있을 경우 마찬가지로 서류를 통해 명확하게 피드백한다. 또한 어떠한 부분에서 생각이 다른지, 제시한 금액과의 차이는 어디에 근거하

는지 묻고, 자신이 승낙하기 위한 조건은 얼마만큼인지 등을 상
대방에게 알기 쉽게 전달한다.

태도가 좋다

자신과 생각이 다른 상대를 설득하는 최고의 방법은 바른 태도
이다. 협상하다 보면 생각이 다를 수도 있는데, 이 상황이 매우 잘
못된 일이나 말도 안 된다는 듯 부정적인 태도를 보이는 지원자
들이 있다. 즉, 협상 과정을 통해서 지원자의 진짜 인성을 판단하
게 되는 경우가 많다. 결국 정말 '아니다' 싶은 지원자는 인사 담
당자가 먼저 협상 포기를 선언할 수도 있다.

먼저 'NO'라고 하지 않는다

가능한 한 긍정적으로 협상에 임한다. 이견이 있을 경우에도
'우선 확인했다'는 답변으로 상대의 생각을 수용한다. 최종 협상
에서 좋은 결론이 나지 않더라도, 다음 기회를 위해 자신을 긍정
적으로 브랜딩하는 태도가 중요하다.

커뮤니케이션 시 비언어적 요소가 많은 영향을 끼친다. 많은
사람이 대화 내용 자체가 가장 중요하다고 생각하지만 가장 중요
한 것은 태도이다. 중요한 일일수록 태도의 중요성은 커진다. 연
봉을 올리는 데도 태도에 답이 있다. 태도가 전부다.

입사 가능한 날짜를 물어보는데, 어떻게 말하죠?

이직이 처음인 직장인입니다. 다니던 회사보다 훨씬 좋은 조건의 직장에 지원해서 최종 면접에 합격했고, 연봉 협상을 진행 중입니다. 어제 입사 가능한 날짜를 알려달라는 연락이 왔는데, 뭐라고 해야 할지 잘 모르겠어요.

지금 회사에서는 업무 담당자가 저 혼자라 퇴사한다고 하면 분명히 안 된다고, 가더라도 대체인력을 뽑아놓고 가라고 할 텐데 회사가 작아서 사람을 채용하기가 정말 어렵거든요. 저도 6개월 만에 입사한 첫 직원이라고 축하를 받았을 정도예요. 이번 주까지는 입사 가능 날짜를 알려줘야 하는데, 지금 상황을 공유하면 혹시나 입사 취소가 되는 건 아닌지 걱정이 많습니다.

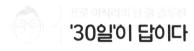

'30일'이 답이다

결론부터 이야기하자면 '최대 30일'이 정답이다. 보통 30일이라는 기간은 퇴사할 회사와 입사할 회사 모두에서 상식적으로 통용되는 개념이다.

이직할 회사 입장에서는 당연히 지원자가 좀 더 빠르게 입사하기를 희망하겠지만, 현재 소속 회사에서 제대로 업무 정리가 끝나지 않은 상황이라면 나중에 2차, 3차 이유로 더 복잡해질 확률이 크다. 따라서 인수인계 등의 절차가 복잡한 회사라면 우선 30일이라는 통용 기간을 제시하는 것이 가장 안전하다. 추가적으로 입사일을 정할 때 알아두면 좋은 몇 가지를 공유한다.

이직할 회사의 평가 기준일을 확인해라

현재보다 높은 연봉을 바라거나, 올해 확실한 성과를 보여서 내년을 기대하고 싶다면 이직할 회사의 평가 기준일이 언제인지 알아두면 좋다. 회사에 따라 다르겠지만 보통 한 해의 4/4분기, 즉 10~12월 입사자의 경우 평가 대상에서 제외시키는 경우가 있으므로 미리 확인이 필요하다.

중간이나 말일보다는 1일 기준을 고려하라

건강보험, 국민연금 등을 포함하여 많은 인사 제도와 프로그램이 1일을 기준으로 확정 및 조정되므로 되도록이면 입사일을 매월 1일로 정하면 깔끔하다. 일부 회사에서는 매월 만근 기준으로 복리후생 적용일을 정하는 경우도 있다. 물론 회사마다 규정이 다르므로 무조건 1일을 고집할 것이 아니라, 인사팀에 미리 확인이 필요하다.

입사일이 정해지면 퇴사할 회사와 바로 소통하라

정해진 입사일이 있는데도, 퇴사할 회사에 대한 미안함이나 걱정 때문에 면담을 차일피일 미루다가 나중에 문제가 생기는 경우를 종종 보게 된다. 마음으로는 충분히 이해가 가지만 절대 그렇게 해서는 안 된다. 애초에 아쉬운 마음이 크다면 이직 자체를 고민해서는 안 된다. 또한, 회사를 다니는 이유는 좋고 싫고의 감정 문제가 아니다. 입사일이 정해지는 대로 바로 소통하고, 하루라도 빨리 현재 업무를 잘 정리하는 것이 오히려 기존 회사를 위하는 길이다.

입사일 이전 시기에 휴식을 가져라

이 부분은 철저히 개인 차원에서의 조언이다. 회사의 입장에서는 물론 하루라도 빨리 인력을 충원하고 싶을 것이다. 하지만 오랜 시간 동안 한 회사에서 근무했다면 더더욱 시간을 잘 조정해 입사 전, 짧게라도 휴식을 갖기를 추천한다. 쉬는 기간이 없다고 해서 이직한 회사에서 적응이 힘들다거나 문제가 생기지는 않겠지만, 한 번쯤 스스로 정리하는 시간을 갖는 것이 좋다. 또 연차가 높다면 쉬면서 새로운 회사에서의 계획을 세워보면 훨씬 능률이 올라간다. 물론 이직할 회사와의 입사 시기가 잘 조율된 상황에서 가능한 일이다.

새로운 시작은 늘 설렘이다. 그리고 좋은 시작은 좋은 끝에서만 가능하다. 조금 힘든 과정이 될 수도 있지만, 입사와 퇴사 시기를 현명하게 결정하고 조율하자.

새로 입사하는 회사에서 한 달까지는 기다려줄 수 없다고 하면?

현재 회사에서는 퇴사일을 30일 이후로 못박는데, 새로 입사할 회사에서는 그 정도까지 기다려줄 수 없다고 한다면, 입사일은 30일 후로 하되 중간에 휴가를 내고 인수인계를 받겠다고 말해본다. 입사 의지를 보여주면, 회사도 어느 정도 이해하고 타협점을 찾을 수도 있다.

또한 현재 어떤 업무로 인해 퇴사가 늦어질 수밖에 없는지를 이메일을 통해 공식적으로 설명하고, 양해를 구하는 노력이 필요하다. 자칫 업무적인 이유가 아닌 개인적인 이유, 예를 들어 휴식이나 여행 등 때문에 입사를 미룬다고 오해하는 경우도 있으므로, 퇴사 전까지의 상황을 정확히 전달하는 것이다.

그래도 안 된다면 현재 상사와 이직할 회사의 인사 담당자 간의 조율이 필요하다. 사실 이 단계까지 가서는 절대 안 되고, 이전에 구직자 선에서 원만히 해결되어야 한다.

두 군데에서 합격 통보를 받았어요.
어딜 가죠?

이직을 위해 여러 곳에 이력서를 냈더니, 운 좋게 두 군데나 합격
했습니다. 한 곳은 크지만 제가 생각했던 직무는 아니고, 또 한
곳은 상대적으로 작은 편이지만 전문성을 발휘해 일할 수 있는
회사입니다. 그 외에도 몇 가지 차이점이 있어서 선택하기가 너무
힘드네요. 어디로 갈까요?

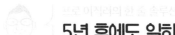

5년 후에도 일하고 싶은 곳은 어디인가?

선택은 늘 어렵다. 때로는 기쁜 고민이 더욱 해결하기 어려울 때도 있다. 지원한 두 군데 회사에서 모두 합격했다는 연락이 왔다면, 당신은 어떻게 할 것인가? 마냥 좋아하면서 시간을 보낼 수는 없는 상황이다. 한 곳에는 가능한 한 빨리 '죄송하지만 갈 수 없다'는 메시지를 보내는 것이 예의이다.

빠르게 선택하고 다음을 준비하는 것이 여러모로 유리하다. 길게 생각한다고 해서 늘 후회가 없는 것 또한 아니기 때문이다. 지금 중요한 것은 빠른 결정과 실천이다. 다만 아래 몇 가지를 신중히 고민하고 결정하기 바란다. 중요한 선택의 순간, 어떤 기준으로 회사를 결정해야 할까?

회사 말고 직무를 보라

불안정한 기업 환경에서, 회사는 더 이상 정년까지 보장하지 않는다. '일의 시대'이다. 따라서 회사의 네이밍에 현혹되지 말고, 자신이 그곳에서 어떤 일을 하게 될지 따져봐야 한다. 부모님, 친척, 애인, 친구들에게 회사를 자랑하는 기간은 딱 3개월이다. 후회하지 않으려면 일을 보고 결정해야 한다. 어떤 지식을 습득할 수 있을지, 성과를 보일 수 있는 일인지, 회사 밖에서도 전문가로서 인정받을 수 있는 일인지 등을 판단해봐야 한다.

　기술의 발전이 사람의 일자리를 위협하고 있다. 앞으로 몇 년 후 사라질 직종이 매우 많다. '일단 입사하고 다른 일도 배우면 되겠지'라고 생각하면 안 된다. 대부분의 큰 기업이나 오래된 회사에서는 사람이 일하지 않고 시스템이 일한다. 아이러니하게도 사람의 힘으로 할 수 있는 일은 '생각하는 일'뿐인 곳도 있다.

　현재의 일이 가치 없다고 말하는 것이 아니라 자신이 지금부터 투입할 시간이 5년 후에 어느 정도의 가치로, 어떠한 돈, 명예, 전문성으로 바뀔지를 판단한 후 결정하는 과정이 필요하다는 뜻이다.

함께 일할 사람을 보라

　회사 카페테리아, 복지 포인트, 리프레시 휴가, 멋진 회사 명찰 등…. 다시 말하지만 그럴 듯한 복지나 회사 외관 때문에 회사가 좋은 기간은 딱 3개월이다. 반대로 매일 가고 싶던 회사가 싫어지는 가장 빠른 이유는 바로 사람이다! 회사라는 커뮤니티는 다양한 관계 자본으로 조직을 성장시키는 공간이다. 직접 경험해봐야 알 수 있는 문제지만, 주변 인맥이나 온라인 커뮤니티 등을 통해 내가 함께 일할 동료와 상사는 어떤 이들인지, CEO의 비전은 어떤지 등을 최대한 확인해보고 결정해야 한다.

　사람이든 조직이든, 성장은 주어진 일과 미래 가치, 그리고 관계로 이루어진다. 따라서 중요한 순간일수록 결정을 미루는 대신 냉정하게 기준을 세우고 빠르게 판단해야 한다. 지금 결정할 수 없다면 내일도 결정할 수 없다. 계속 망설이다 시간만 보내게 될 것이다. 인생은 선택의 연속이다. 지금 선택하지 못하면 나중은 없다.

남을까요?
떠날까요?

지원했던 회사에 합격해 현재 일하는 회사에 퇴사하겠다고 이야기했더니 퇴사는 절대 안 된다며 대신 연봉을 올려주겠다고 합니다. 남들에게 물어보니 행복한 고민이라네요. 물론 지금 회사에는 불만도 많았지만, 좋은 점도 있었는데…. 남을지, 떠날지 고민됩니다.

당신에게 답이 있다

현재 직장에서도 가치를 인정받으면 당연히 좋겠지만, 당사자는 마냥 즐겁지만은 않을 것이다. 이직할 회사와는 이미 연봉 협상까지 마쳤고, 입사 날짜만 정하면 되는 상황에서 현 회사가 계속 퇴사를 만류한다면 하루하루가 힘들 것이다.

대부분의 직장인은 이 상황에서 고민하다가 아마 아래 네 가지 선택지 중 하나를 선택하게 될 것이다. 중요한 것은 각 유형에서 고려해야 할 사항이다. 한쪽의 의견에만 치중하지 말고, 균형감 있게 검토한 후 본인이 유리한 쪽으로 최종 결정을 하자.

비전형: 그냥 간다!

마음을 정한 이상 바꾸지 않겠다는 태도이다. 미리 잘해줬어야지, 나간다 하니깐 잘해주겠다는 건 말도 안 된다. 다만 이직할 회사 쪽에 현재 회사에 남을 때의 조건 등 관련 사항을 정확하게 전달해서 자신의 가치를 알려야 한다.

현실형: 남는다!

현재 회사에 남되, 최종 합격했던 회사에서 제시한 조건 이상으로 몸값을 높이는 방법이다. 기존 회사에 이직 예정이었던 회사에서 제시했던 내용을 정확하게 전달한 후 연봉 인상, 승진, 주요 프로젝트 합류, 직무 변경, 해외연수 등 보상을 명확히 얻어내야 한다. 구두로 해주겠다는 약속은 의미가 없고, 서류 등으로 즉각 조치가 시행되어야 한다.

보류형: 1년만 두고 보자!

이직할 회사와 현재 회사를 비교해볼 때 여러 조건에서 현재 회사가 유리하다면, 무조건적으로 남는 대신, 기간을 정해놓고 현재 회사와 직무의 브랜드 가치를 활용해서 다른 기회를 모색해보는 것이 좋다. 다만 이직을 고려했던 회사 측에는 단순 변심으로 입사를 번복하는 것처럼 비춰지지 않도록 적당한 이유를 제시해야 한다. 현재 회사에서의 연봉 협상은 향후 좀 더 나은 회사로의 이직을 고려할 때 다시 하는 것도 좋다.

휴식형: 이도 저도 싫다. 그냥 쉬고 싶다!

이직을 고민하다가 아예 퇴직을 결정하는 경우다. 경력이 많은 경우에 종종 발생한다. 이직 과정에서 인생의 비전이나 가치관에 대해서 다시 생각하게 되고, 계속 일하는 것보다는 잠깐의 휴식이 필요하다고 느끼는 경우다. 다만 휴식의 목적이나 쉬는 동안 할 일이 명확해야 다시 복귀할 계획도 짤 수 있다.

선택은 늘 본인의 몫이다. 회사나 지인의 눈치를 볼 일이 절대 아니다. 어차피 선택의 책임은 본인이 져야 하기 때문이다. 후회 없는 결정을 하려면 스스로 물어야 한다. 자신에게 지금 제일 가치 있는 것은 무엇인가?

곧 퇴사인데, 다니던 회사에서는
어떻게 마무리하죠?

드디어 이직에 성공입니다! 사람도 별로고, 일은 더더욱 별로였던 곳이라 지긋지긋한 이 회사를 얼른 떠나고 싶어요. 마음 같아서는 인터넷에서 본 대로 자료를 전부 포맷이라도 하고 '잠수' 타고 싶지만, 물론 그러면 안 되겠죠? 지금 다니는 회사에서는 어떻게 마무리하는 게 좋을까요?

회사를 위해서가 아니라
나를 위해 마무리하라

이직이 결정되면 대부분이 매우 빠르게 떠날 준비를 한다. 자신의 이직 사실을 주변에 자랑하듯이 알리고, 책상을 정리하고, 인수인계한 파일을 만드는 등 당장이라도 떠날 것처럼 분주해지기 시작한다.

하지만 이직은 일종의 차선 변경과 같다. 가고자 하는 최종 목적지가 존재하므로 지금보다 더 좋은 길, 더 빠른 길을 찾아 차선을 바꾸는 것이다. 조금 가다 보면 다시 돌아와야 할 때도 있고, 헤어졌던 사람이나 영영 보지 못할 것 같은 사람들을 휴게소에서 만나기도 한다. 업계를 완전히 떠나지 않는 이상 연결고리가 남아 있을 수밖에 없다.

떠나는 회사에서 마무리를 잘해야 시작하는 회사에서도 제대로 출발할 수 있다. 어디서든 결국 다시 만날 수 있다는 사실을 기억하며 남은 기간을 마무리하자.

사람 마무리를 잘하라

이직은 늘 보던 사람들과의 연결고리가 끊기는 것이다. 이전에는 회사, 조직, 팀으로 묶여 있었으니 매일 얼굴을 마주하고 교류하지만, 회사를 그만두는 순간 특별한 용건이 없으면 대화하기가 힘들어진다.

따라서 이직 이후에도 계속 네트워크를 유지하고 싶다면 반드시 시간을 내어 남은 사람들과 인사하고, 식사하고, 대화하고, 감사해하며 마무리해야 한다. 이직 전 5일의 시간이 있다면 사람 마무리에 반드시 3일 이상을 써라!

일을 잘 마감하라

일을 인수인계한다는 것은 곧 누군가가 일을 전달받아서 계속 진행한다는 뜻이 된다. 따라서 대부분의 사람이 '더 좋은 후임자가 와서 알아서 하겠지'라는 생각으로 중요한 부분만 크게 전달하고 만다.

하지만 회사 입장에서는 사실상 당신의 이직으로 인한 공백이 생기는 것이다. 회사를 위해서가 아니라, 자신을 위해서 '일 마감'을 하라.

스스로 했던 일들을 정리하며 잘한 일, 못한 일, 이직 후에도 할 수 있는 일, 이 회사에서만 해볼 수 있었던 일, 새롭게 기획해야 할 일 등을 확인하자. 인수인계를 잘 해놓으면 분명히 이직한 회사에서도 새로운 기회로 연결될 것이다.

생각을 정리하라

새로운 회사에 출근하기 전 하루든, 일주일이든 꼭 자신만의 시간을 가지는 게 좋다. 가족들과 함께 보내는 시간도 계획해야겠지만, 하루라도 생각을 정리할 시간을 스스로에게 선물하라! 새로운 환경, 낯선 사람들과 만나 새롭게 시작할 자신에게 작은 상을 미리 주는 것도 의미 있다.

　떠나기 전 확인하자. 사람과는 잘 마무리되었는지, 일은 확실히 마감되었는지, 자리를 전부 정리되었는지…. 정리는 결국 나를 위한 것이다.

Part 5

이직에 성공했어요! '이직 성공러'가 될 수 있는 방법은?

Q50

이직이 처음입니다.
어떻게 하면 성공할 수 있을까요?

🍀 이직 교민 상담 코너

어렵게 이직에 성공해서 드디어 내일 출근입니다. 신입사원으로 첫 출근을 할 때보다 더 떨리네요. 신입 때는 그냥 착하게 보이면 됐는데, 경력직이니까 처음부터 제 실력을 보여줘야겠죠? 이 직장에서도 잘 적응하고 싶은데 어떻게 행동해야 할까요?

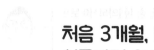

처음 3개월, 90일 안에
성공하면 3년이 보장된다!

어렵게 이직해서 새로운 직장에 출근하는 첫 날, 예상치 않았던 일과 분위기에 당황하는 경우가 종종 있다. 특히 처음으로 이직하는 경력직의 경우, 그 고민과 고통은 생각보다 크다. 다시 돌아갈 수도, 그만둘 수도 없는 상황인 만큼 우선 새로운 직장에서 잘 적응하고 싶을 것이다.

처한 환경이나 직무 성격, 개인 연차에 따라 다소 차이가 있긴 하나, 이직 후 90일 안에 적응하겠다는 마음으로 일해보자. 그동안 이뤄내면 좋을 몇 가지를 공유한다. 스스로 계획하고 계속해서 점검해 나가야 3개월 안에 성공할 수 있으니 반드시 유념하기 바란다.

우선 사람보다 일이다

대부분의 사람이 3개월 동안 일보다 사람 익히기에 시간을 투자한다. 업무를 하려면 조직이나 사람을 제대로 알아야 한다면서 여기저기 인사하고 자신을 알리러 다니기도 한다. 물론 인간관계도 중요하긴 하지만 조직은 철저히 일 중심이다. 일을 못하면 관계도 없다. 따라서 90일 안에 자신이 맡은 직무에서 작은 성공(Small Success)을 만들어내야 한다. 기업에서 기존에 하지 않았던 방식으로 결과를 만들어낸다면 성공이다. 물론 처음부터 회사의 기존 체계를 완전히 바꾸려고 하면 반발이 있을 수밖에 없다. 그러므로 부담 갖지 말자. '작은' 성공이면 충분하다.

일 다음은 사람과의 관계다

일은 사람이 하는 것이므로, 일을 잘하고 싶으면 일을 잘하는 사람과 일적으로 긴밀한 관계를 맺으면 유리하다. 회사 사람들과 두루두루 좋은 관계를 맺는 것과는 조금 다른 문제다. 경력직의 일은 대부분은 조직화되어 있거나 협업을 기본으로 하기에, 부서 내 또는 타 부서 핵심 멤버들과의 정보 교류가 가능하도록 미리 인사하고, 자신의 업무를 적극적으로 알리는 편이 좋다. 물론 일을 우선으로 하는 것을 잊지 말자.

조직에서 독특한 부분을 채워라

신입사원이 아니기에 아직 적응이 안 되었다고 해서, 혹은 처음이라고 일손을 보조하는 역할부터 하겠다고 생각해서는 안 된다. 경력직은 조직에서 바로 성과를 내야 하는 자리이므로, 틈새를 찾아서 새로운 결과를 이끌어내야 한다. 전 직장에서 주로 맡았던 분야라면 더더욱 좋다. 다만 그 방식을 현 조직원들에게 이해시키기 위해 소통과 공감의 노력은 배가 되어야 할 것이다.

90일 안에 기회가 반드시 한 번쯤은 온다. 그때 내가 얼마나 열정적으로 일할 사람인지를 보여주는 집중력이 필요하다. 매일 늦게까지 야근을 하라는 것이 아니라 기회가 온 바로 순간에 자신의 실력을 200% 이상 보여줘야 한다. 결과나 과정을 중간중간 상사와 공유함으로써, 다른 사람도 다가올 성과를 기대할 수 있게 만든다면 성공이다.

90일은 절대 긴 시간이 아니다. 회사가 크고 직원이 많을수록 회사는 개인을 꾸준히 지켜보거나 평가하기가 쉽지 않다. 따라서 전략적으로 접근하고 고민해야 한다. 성과를 스스로 강조하고, 내보여야 한다. 90일이 900일이 되고, 조직에서의 3년을 보장하기 때문이다.

빨리 적응하고 싶은데, 비법이 있을까요?

제가 퇴사한다고 하니 선배들이 축하해주면서도 '새로운 회사에 적응하기 쉽지 않을 텐데…'라네요. 실제로 다음 주에 출근하는 회사는 제가 있던 곳과는 업태도 다르고, 규모도 더 커서 여러모로 적응하기가 쉽지 않을 느낌입니다. 주눅이 들면 실적이 더 안나올 듯해서 더 걱정이에요. 빨리 적응할 수 있는 방법이 있다면 알려주세요.

무엇을 해야 할지 알면 적응하기도 쉽다

남들보다 빠른 회사 적응을 위해 기억할 세 가지 키워드가 있다. 바로 일, 사람, 비전이다. 이 세 가지에 대해 나름대로의 계획을 가지고 하나씩 이루어가다 보면 생각보다 빠르게 새로운 회사에 적응하게 될 것이다.

작은 성공을 만들어라

몇 번이나 강조하지만, 새로 맡은 업무에서 작지만 확실한 성과를 보이는 게 중요하다. 거창하지 않아도, 남과 비교했을 때 자신만 만들어낼 수 있는 결과가 필요하다. 중요한 보고서 작성, 성공적인 미팅 준비, 깔끔한 결과 공유, 체계적인 자료 분석, 워크숍 기획과 준비 등. 스스로 고민한 결과를 잘 나타낼 수만 있다면 무엇이든 좋다. 물론 자신의 업무, 소속 부서와의 연관성은 기본이다.

주변 사람부터 공략하라

네트워크를 잘하는 사람들의 특징 중에 하나는 가까운 곳부터 시작한다는 것이다. 연관성 없는 다른 부서나 업계 사람들부터 찾아 나설 경우, 안정적인 관계가 형성되는 데 생각보다 굉장히 오랜 시간이 필요하고, 그들로부터 공감대를 얻기 어려울 수도 있다. 따라서 소속된 팀의 상사, 동료들에게 먼저 개인적 시간과 노력을 투자해 한 명씩 자신의 네트워크로 만들어놓는 것이 좋다.

1년 목표만 세워라

보이지도 않은 목표를 향해 계속 가기란 쉽지 않다. 아니 시작
도 전에 지쳐버린다. 따라서 딱 1년! 현 회사와 조직에서 어떻게
성장할지, 어떤 목표를 이루어낼지의 목표나 계획을 세우는 것이
중요하다. 회사에서 내가 어떤 역할을 하고 싶은지, 그리고 여기
서 무엇을 얻고 나갈지가 분명해지면 당연히 적응하기도 쉬워진
다. 1년 목표가 완성되면 다음엔 3년, 5년으로 점점 늘려가면 된
다. 아마 그 전에 또 다른 기회가 올 것이다!

무엇보다 중요한 것은 마음가짐이다. 정착하기로 마음먹었다
면, 조금씩 시작하면 된다!

✓ TIP

적응 단계에서 작은 성공의 종류

수습 기간, 90일, 적응 단계 중 조직 내에서 주목받기 좋은 작은 성공의 예시
를 몇 가지 공유한다.

- **비용 절감**: 기존 운영 상황에서 효율을 높이는 방안 제시
- **신규 제안**: 새로운 형태의 서비스, 제도, 프로그램, 운영안 제시
- **네트워크**: 타 부서와의 다양한 관계 구축
- **조직 문화 형성**: 팀원들과의 다양한 소통의 장 마련

경력직도
수습 기간이 있다는데?

오늘 이직한 회사에 첫 출근했더니 인사팀 직원분이 오셔서 수습 사원 계획서를 작성해야 한다고 했습니다. 자기 업무의 목표도 수립해야 하고요. 전 회사에서 신입으로 입사했을 때 했던 건데, 경력직에게도 수습 기간이 있냐고 물었더니 당연하다는 거예요! 요즘은 모든 회사가 경력직 수습 기간을 다 둔다고 하던데 사실인가요? 뭐, 수습 기간은 둘 수 있다고 쳐도, 이 기간 동안 대체 뭘 해야 하는 거죠?

개인, 팀, 회사로 나누어 목표를 세워라

경력직 채용이 보편화되면서 채용 과정을 통해서만 사람을 평가하는 데 한계가 생기게 됐다. 따라서 많은 기업이 경력직 역시 수습 기간을 두고 우리 회사와 맞는 사람인지 평가하고 있다. 또한 예전에는 수습 기간을 정식 입사 이후 형식상 거쳐 가는 기간, 혹은 적응 기간으로 여겼으나 요즘은 입사자가 회사와 직무에 잘 맞는지는 물론 해당 부문에서 성과를 보일 인재인지 실질적으로 확인하고 검증하는 단계로 정착되었다.

따라서 경력직임에도 수습 기간을 통과하지 못한 사례를 적지 않게 접할 수 있다. 그만큼 평가 기준이나 검증 절차가 까다로워지고, 수습 기간의 중요도가 높아졌다는 뜻이다. 그렇다면 수습 기간을 무사통과할 수 있는 비법은 무엇일까?

회사에서 수습 기간 동안 대상자를 평가하는 기준은 크게 아래 세 가지이다. 기업이 각각 어떤 기준으로 수습 직원을 확인하고 검증하는지 알아두는 것이 먼저다.

아무리 인사성이 좋고, 매너가 훌륭해도 제일 중요한 것은 성과이다. 회사가 신입이 아닌 경력직을 선택한 이유이기도 하다. 따라서 입사 시에 관리자와 KPI(Key Performance Indicator), 즉 핵심 성과지표를 설정했다면 무조건 달성해야 한다. 목표를 설정하지 않았다면 스스로 목표와 성과를 정리하고, 주기적으로 어필하는 태도가 필요하다.

1개월, 2개월, 3개월 순으로 기간을 정해 관리자에게 각 기간 동안의 성과를 확실히 보고하고, 리뷰와 피드백을 받아야 한다. 혹시 회사 나름의 원칙이나 형태가 있다면 그에 따라 진행하면 된다. 다시 강조하지만 꼭 성과를 공유하고, 보고하고, 피드백을 받아야 당신이 하는 모든 일에 의미가 생긴다.

팀: 소속 부서원으로 잘 협업할 수 있는가

회사는 개인이 아니라 팀, 단체이다. 따라서 너무 튀거나 컨디션에 따라 실력이 들쭉날쭉한 개인보다는 꾸준히 성과를 내는 무난한 팀원을 기대한다. 수습 기간 동안 관리자뿐만 아니라, 부서에 내 편으로서 손색이 없을 만한 관계를 만들어야 한다. 일부 기업에서는 사내 교류 제도나 프로그램을 진행하는 경우도 있으나, 제도가 있긴 없건 간에 관계를 형성하는 건 본인의 몫이다. 수습 기간 내에 협업 프로젝트나 외부 관계인들과의 미팅에도 적극적으로 참여해 본인의 자리를 어필하는 방법도 좋다.

회사: 조직의 일원으로 손색이 없는가

회사마다 각각의 가치관이 존재한다. 비전, 미션, 원칙 등 이름은 다양하나 커뮤니티의 일원으로서 갖추어야 할 역량과 자질을 의미한다. 아무리 성과 좋은 개인, 팀워크가 뛰어난 인재라 하더라도 회사라는 큰 틀에서 가치관이 다를 경우엔 수습 기간을 통과하기 어렵다. 본인 역시 회사에 적응하고, 그 분위기를 따르기가 어려울 수밖에 없다. 따라서 입사 후 회사에서 진행되는 교육 과정, 멘토링, 선배 사원과의 미팅 등에서 회사의 가치를 파악할 필요가 있다.

수습 기간을 테스트라 여기면 절대 '수습되지' 않는다! 입사 첫날부터 바로 시작이다. 그게 바로 경력직이다.

입사하고 다른 직무로
이동하는 것도 가능할까요?

원래 다니던 회사보다 연봉이나 복지, 규모면에서 훨씬 좋은 회사라서 무조건 이직을 했습니다. 그런데 사실 제가 원하는 직무는 아닙니다. 혹시 여기서 일하다가 원래 직무로 돌아가려면 어떻게 할까요? 아니면 전문성 있는 직무를 할 수 있는 곳으로 다시 이직해야 할까요?

미리 확인하고, 준비해야 가능하다

 직무 때문에 고민하는 사람들이 의외로 많다. 회사가 마음에 들어도 하는 일 때문에 결국 그만두는 사람도 적지 않다. 직무는 개인의 전문성 개발과 일의 지속성 측면에서 특히 중요한 기준이다. 그렇다면 새로운 직무에 도전해볼 수 있는 방법이 있을까? 직무를 바꾸고 싶다면 모두가 '이직'을 해야 한다고 답하지만, 사실 이직만이 정답은 아니다. 많은 회사가 '직무 이동'이라는 제도를 두고 있다. 하지만 회사마다 시행 여부나 구체적인 내용은 다르므로, 만약 직무 전환을 염두에 두고 있다면 입사 시점에 관련 사항을 미리 확인해두는 것이 좋다.

 내부 직무 이동의 기회가 있는 회사가 많지만, 아무 준비 없이 손만 든다고 다 가능한 것은 아니다. 미리미리 준비하는 내부 후보자가 많기 때문이다. 특히 전략, 마케팅, 기획 등 많은 이가 선호하는 부서의 경우, 경쟁률이 더욱 심하다. 또한 주요 부서의 경우, 공개된 자격 요건 외에도 각 부서만의 독특한 판단 기준이 있는 경우가 많으므로, 이동하고 싶은 부서의 리더, 직급자들과 지속적으로 네트워킹하는 것이 좋다. 이동 공지가 뜨기 전부터 자신의 니즈와 이동 시 가능한 역할, 전문성 등을 미리 알려야 한다.

직무 전문성은 학력이나 자격에서만 나오는 것이 아니다. 각 부서마다 직무 수행에 필요한 실용적이고, 전문적인 지식이 요구되므로, 직무 변경을 생각한다면 평소에 관련 분야의 전문가 과정, 예를 들어 MBA나 대학원 석사 과정, 온라인 마케팅 수업 등 세밀화된 교육을 받는 것이 좋다. 또한 이러한 사실을 미리 주변 인들에게 알리고, 특히 과정 종료 시 인사 부서에 자격 증빙과 함께 증거 자료를 제출하는 편이 좋다.

자신만의 컨텐츠를 공유하라

'앎'의 최고 단계는 자신만의 지식을 콘텐츠화하고 다른 사람들과 공유하는 것이다. 따라서 이동을 희망하는 직무, 부서와 관련된 전문 지식을 다양한 SNS, 인터넷 서비스 등에 공유할 만큼 준비된 지원자임을 보여주는 것이 직무 전환을 준비하는 좋은 방법이다. 요즘 '브런치', '콘텐타'와 같은 콘텐츠 기반의 플랫폼이 활성화되고 있는 이유도 이러한 부분과 연결해서 생각할 수 있다.

대외적인 커뮤니티에서 리더를 맡아라

많은 사람이 현재 직무와 연관된 커뮤니티에서 활동 중이다. 더 나아가서 관심 분야의 커뮤니티에도 참여하며 조금씩 활동 범위를 넓히고 있다. 인사나 마케팅 커뮤니티에서 활동하거나, 코

딩처럼 성장 가능성이 큰 분야의 전문 커뮤니티에 정기적으로 참석하며 전문 지식을 습득하고 인맥을 쌓는 것이다. 함께 공부하면 당연히 혼자 공부할 때보다 의욕도 생기고, 효율도 좋다. 또한 모임에서 운영자, 총무, 리더 등의 역할을 적극적으로 수행하면 나중에 기회가 생겼을 때도 전문성을 어필할 수 있다.

커리어 개발은 더 이상 조직의 몫이 아니다. 조직은 선택에 익숙하고, 늘 조급하다. 따라서 최종 커리어 목표를 달성하기 전까지 당신은 늘 성장하는 '과정'이라고 생각해야 한다. 커리어를 더욱 발전시키고 싶다면 지금 시작하라. 그래야 이동할 수 있다.

EXTRA

콘텐츠를 공유 및 습득 플랫폼

경력자들이 콘텐츠를 공유할 수 있는 플랫폼과 전문성을 향상시킬 수 있는 배움의 플랫폼을 추천한다.

- 브런치(brunch.co.kr): 주로 글 위주의 콘텐츠를 공유하는 공간
- 오디오클립(audioclip.naver.com): 팟캐스트 형태로 20분 내외의 영상·음성 콘텐츠 공유 가능
- 클래스101(class101.net): 각종 취미생활 등 다양한 동영상 강의 제공
- 에어클래스(www.airklass.com): 주로 외국어, 자격증, 비즈니스 등 관련 동영상 강의 제공
- 해피칼리지(www.happycollege.ac): 리더십 강의, 책 쓰기 등 다양한 분야와 소재의 동영상 강의 제공

전 회사로부터
업무 관련 문의가 계속 옵니다

퇴사한 회사에서 자꾸 연락이 옵니다. '아직 후임자를 못 찾아서
그러겠지' 하고 이해는 가지만, 하루에 몇 번씩 연락이 와서 현재
회사의 업무에도 방해가 됩니다. 어제는 전화를 그만했으면 한
다고 이야기했더니 오히려 후임자 없이 퇴사한 제 책임이라고 하
네요. 이런 경우 언제까지 참아야 할지, 계속 응대하는 것만이 정
답인지 궁금합니다.

본인이 가능한 '한계'를 설정해라

비슷한 경험을 가진 경력직들이 있을 것이다. 지금도 후임자를 찾지 못했다는 이유로 매일 전 회사의 연락에 시달리는 직장인이 많다. 이 정도 했으면 그냥 연락을 받지 않아도 되는 건지, 머리가 아파올 것이다.

하지만 전 회사 입장에서 생각해보면, 일은 해야 하는데 담당자가 부재한 상황이니 답답하긴 할 것이다. 따라서 화가 나고 스트레스가 쌓이더라도, 회사 입장을 마지막으로 생각해 먼저 솔루션을 제시하는 편이 좋다.

메일로 소통하라

우선 확인이나 정리가 필요한 부분을 이메일로 보내달라고 요청한 후 관련 내용을 문서로 전달하고 확인받는 것이 중요하다. 그래야 이후 후임자가 정해지고 난 후에 같은 일을 반복하지 않아도 된다. 문서로 주고받는 경우, 회사 입장에서도 소소한 내용보다는 중요한 내용 위주로 확인하려고 하기에 처리할 양 역시 줄어들게 된다.

30일이라는 기한을 두라

다소 냉정할 수 있으나, 현재 이직한 회사에서의 업무가 1순위

이므로 퇴사한 회사의 연락 담당자와는 확실한 기한을 정하는 것이 좋다. 5일, 2주일, 30일 등으로 정하면 되는데, 최대 30일 정도로 정하면 전 회사 측에서도 수긍할 것이다.

후임자가 정한 이후를 기약하라

　아직 정확한 업무 후임자가 정해지지 않은 상태에서 임시 담당자가 사소한 일로 하루에 몇 번이고 연락을 취한다면, 실수가 생길 경우 자신이 책임을 져야 한다는 부담이 존재하기 때문이다. 따라서 이 걱정을 덜 수 있도록, 후임자가 정해지면 다시 인수인계를 하거나 중요한 부분을 공유하겠다는 식으로 후일을 도모하는 형태가 좋다. 실제 담당자와 말을 주고받으면 기초적인 부분까지 설명할 필요가 없으니 전달도 훨씬 쉽다. 책임도 약간이나마 분산되기에 일이 훨씬 빠르게 해결될 수 있다.

　물론 이 모든 조언은 자신에게 여유가 있을 때를 가정하고 하는 내용이다. 하지만 이직은 회사를 떠나는 일이 아니라 사람을 떠나는 일이다. 답답할 때가 있더라도, 사람은 어디서든 또 다시 만날 수 있기에 일의 맺음만큼 사람 관계의 마무리에도 신경 써야 한다. 사람을 잘 마무리하면 다시 연결되고 돌아온다!

Part 6

또다시
이직을 고민하는 분들에게

회사를 잘못 온 것 같은데, 빨리 퇴사하는 게 나을까요?

새로운 회사에 입사한 지 6개월 차인데, 제가 생각했던 것과 환경이 너무 달라서 퇴사를 생각하고 있습니다. 혹시 이것도 경력으로 인정받을 수 있을까요? 혹은 더 시간이 가기 전에 퇴사해 이력서에 경력으로 남기지 않고 빨리 마무리하는 편이 나을까요? 좀 버텨볼까도 생각해봤지만 이미 싫어진 마음이 다시 돌아오질 않네요. 자꾸 혼자 있게 되고, 회사 사람들도 저의 눈치를 보는 느낌이라 괜히 미안한 마음도 들어 정말 고민입니다.

전적으로 본인의 선택!
하지만 전략적으로!

제일 중요한 것은 본인의 선택이다. 아무리 괜찮은 대안이 있다고 하더라도 본인이 싫으면 싫은 것이다. 누가 대신 선택해 줄 수 없는 문제이다. 아래 세 가지 대안 중 본인의 상황을 고려할 때 가장 적합하다고 판단되는 답을 선택하면 된다.

경력은 무시하고 새로 시작하라

1년 미만의 기간은 보통 경력으로 인정되기 쉽지 않다. 신입사원이나 경력 3년 미만의 직장인의 경우는 더더욱 그렇다. 보통 입사 후 처음 1년은 조직이나 회사의 업무를 익히는 기간이고, 2년이 되어야 자신의 역할을 하기 시작한다고 평가한다. 3년 차는 되어야 회사에서 기대한 것 이상의 결과를 가져온다고 인정받으므로 차라리 가능한 한 빠르게 이직 준비를 해 6개월 기간은 깔끔하게 무시하고 새롭게 시작하는 것이 하나의 방법이다.

6개월의 임팩트를 강조하라

경우에 따라 6개월이라는 기간 내에 어떤 일을 했는지에 따라 우수 성과자로 비춰질 수도 있다. 남들보다 짧은 기간 동안 우수한 결과를 냈다는 건 오히려 이직 면접에서 강력하게 어필할 수 있는 자신만의 강점과 차별점이 되기도 한다. 하지만 성과가 추상적이라거나, 개인이 아닌 팀 차원의 협업이라거나, 내용을 정량적으로 지표화를 하기 어렵다면 오히려 역효과가 날 수 있으니 성과의 성격을 잘 따져봐야 한다.

신입사원과는 달리 경력직의 경우, 근속 기간이 1년 이상만 되어도 인정해주는 경우가 있으므로, 일단 현재 회사에서 6개월 더 근무하며 1년의 경력을 만든 후에 다시 이직을 준비하는 것도 방법이다. 추가 6개월의 기간 동안 회사 또는 팀의 전략적인 업무를 수행할 기회가 주어진다면 오히려 이후 더 좋은 곳으로 이직하는 데 확실한 도움이 될 수 있으므로 지금은 좀 더 나은 다음을 위한 과정이라 여기며 버티는 것도 방법이다.

선택은 당신의 몫이다. 이곳이 확실히 아니라고 생각하면 정확하게 판단하고, 빠르게 선택하자.

동일한 직무와 비슷한
회사 분위기, 일이 너무 지겨워요

이직한 지 9개월이 되어 갑니다. 처음 3개월까지는 이직했다는
사실과 친구들의 축하에 들떠 시간 가는 줄 몰랐고, 경제적으로
도 조금 여유로워져 마냥 즐거웠습니다. 그런데 시간이 갈수록
'계속 해온 일이라 지겨워', '회사의 분위기도 전 회사랑 비슷해서
별로야' 하는 회의감이 듭니다.

그렇다고 다시 전 회사로 돌아가고 싶지는 않습니다. 그냥 시간이
흘러 적응을 했구나 싶으면서도, 큰 만족감이 없네요. 과연 제가
이 일을 계속하는 게 맞을까요?

새로운 경험이 필요하다!

지금 하는 일이 맞느냐가 계속 고민된다면 일에 대한 생각을 스스로 변화시켜야 한다. 노동 시장은 이미 직업 중심에서 일 중심으로 바뀌고 있다. 평생 직장도, 평생 직업도 없는 지금의 시대에서는 자신이 가진 모든 것을 동원해 스스로 최고의 기회를 만들어야 한다.

일은 사람에게 경제적 가치 이상의 의미를 선사한다. 일의 가치는 더 많은 사람과의 소통과 연결, 새로운 가치 창출에 있다고 해도 과언이 아니다. 지금 자신이 하는 일에 보람을 느끼지 못하고 있다면 '소통', '연결', '새로운 가치 창출'이라는 세 가지 키워드를 스스로 적용해보라.

자신과 다른 부서, 회사, 직종, 성별의 사람들과 소통하는 기회를 만들어라. 예를 들어 '온오프믹스'라는 교육 서비스에는 다양한 분야의 세미나와 모임이 존재한다. 클릭 몇 번만으로도 간단하게 신청은 가능하나 직접 참석하지 않으면 아무런 의미가 없는 법이다. 따라서 새로운 소통의 기회를 찾고 싶다면 일단 움직여야 한다.

일을 할 때 중요한 것은 '확보된 네트워크'이다. 그냥 '아는 사람'은 네트워크가 아니다. 그리고 확보된 네트워크란, 누가 물어도 자신에 대해 긍정적 평판을 해줄 수 있는 사람을 의미한다. SNS로 연결되어 알게 된 단순 지인을 네트워크라고 착각해서는 안 된다. 지금 당장 연결이 가능하고, 의뢰와 답변이 가능한 자원인지 확인해보라. 새로운 네트워크를 찾고 교류하는 과정에서 자신이 하고 싶은 일을 찾을 수도 있다.

불확실한 미래를 대비하는 최선의 방법은 '새로운 일을 배우고 시작하는 것'이다. 우리가 계속 도전하는 이유는 가보지 않은 길을 갈 때 느끼는 두려움보다 새로움에 대한 기대치가 크기 때문이다. 자신에게 끝없는 도전의 기회를 부여해야만 성장할 수 있다.

일의 미래는 스스로의 계획과 실천의 연속이다. 당신이 지금 일에서 의문을 느낀다면 다시 계획을 세워야 한다. 지금 당신에게는 어떤 계획이 있는가?

저성장 시대에
무엇을 준비해야 할까요?

입사 2년 차 직장인입니다. 이번에 새롭게 도전해 이전보다 좋은 회사로 옮겨왔어요. 다만, 이곳에서 좀 더 스펙을 쌓아 몇 년 후에는 업계 1위 회사에 도전해볼 예정입니다. 하지만 걱정되는 것은 요즘이 '저성장 시대'라는 점입니다. 성장은 점점 줄어드는데, 이런 추세에 맞춰 능력을 쌓으려면 어떤 부분에 특히 주목해야 할까요?

자기계발은 필수다!

우리는 국가와 기업, 조직의 성장을 나타내는 지표들이 제자리 걸음을 지나 뒷걸음 치는 '저성장 시대'에 살고 있다. 모두가 성장보다는 안정과 유지에 집중하고, 변화를 기대하면서도 두려워하고 있다. 기업 역시 몸집을 줄이거나 불필요한 비용을 삭감하는 등 어려움을 헤쳐 나가기 위해 안간힘을 쓰고 있다.

그렇다면 이런 상황에서 개인은 어떻게 준비해야 할까? 다가오는 저성장 시대에 조직에 속해 있는 개인들은 어떠한 대비가 필요한지, 자신의 커리어와 미래 관리 측면에서 무엇을 중점적으로 생각해야 하는지 공유하고자 한다.

현재 위치에서 생각하지 마라

직급 부장, 연봉 1억 원, 팀원 10명 등…. 현재의 스펙은 오로지 내 것이 아니라 조직이 내게 준 것에 불과하다. 즉, 조직의 결정에 따라 얼마든지 달라질 수 있는 부분이다. 잔인하게도, 기업은 급하면 개인을 고려하지 않는다. 살기 위해, 전체를 위해, 미래를 위해 개인이 고통을 감수해야 한다고 말한다. 따라서 지금 자신이 누리는 혜택이 전부 자신의 공인 양 생각하며 안일하게 굴어서는 갑작스러운 상황을 대비할 수 없다. 냉정하게 자신의 경력, 기술, 나이, 성과 등을 파악하고 다음 위치를 계획해야 한다.

사람은 누구나 드라마틱한 성장을 꿈꾼다. 하지만 모두가 그럴 수는 없다. 경쟁에서는 우월하거나 운이 좋은 소수만 이길 수 있다. 따라서 좀 더 긴 미래를 생각한다면, 높은 자리에서 경쟁하는 대신 지금 위치보다 낮은 자리로 이동해서 인생 계획을 다시 세우는 것도 하나의 방법일 수 있다. 중소기업, 스타트업 기업, 해외 기업 등 새로운 기회의 초기 단계에 진입하여 커리어의 롱테일을 그려야 한다.

불확실한 미래를 대비하는 가장 좋은 방법은 나만의 미래를 직접 그리고 창조하는 것이다. 이는 하루아침에 이루어지는 일이 아니고, 수많은 고뇌와 실천, 인내 속에서만 꽃이 핀다. 미래 계획을 만족스러울 만큼 이루려면 많은 시간 투자와 자기계발이 필요하다. 직장인 대부분이 시간이 없어서 자기계발을 할 수 없다고들 한다. 다시 묻는다. 일요일 아침 8시 50분. 누군가는 일을 하거나 글을 쓰고, 운동을 하고, 외국어를 배운다. 당신은 무엇을 하는가?

기회는 사람이 만든다. 기업에서 새로운 목표가 정해지면, 구

236

체적인 계획을 세우고, 그에 맞는 사람들을 모집한다. 이런 상황에서는 대부분 알고 있는 사람을 먼저 찾게 된다. 누군가가 믿을 수 있다고 추천하거나, 눈에 보이는 성과가 있거나, 여러 명이 동일하게 칭찬하거나 등 좋은 평판을 가진 사람이 바로 그 기회를 잡을 수 있다. 기회는 결국 주변의 사람이 만들어준다.

　모두가 같은 선에서 출발한다. 물론 개인의 경험과 준비에 차이가 존재하나 지금부터 속도를 낸다면 저성장 시대에도 충분히 매력적인 인재로 평가받을 수 있을 것이다. 저성장 시대일수록 뛰어난 인재는 모셔가는 법이다.

30대인데 한 번 더
이직에 도전하는 게 좋을까요?

외국계 기업에 다니는 30대 중반 직장인입니다. 저는 한 번의 이직 후 현재 회사에 다니고 있는데요. 나쁘지 않은 회사라 만족 중입니다. 그런데 주변에서 30대가 가장 연봉을 올리기 좋은 시기라고, 마흔 살이 되기 전에 한 번 더 도전해보라고 조언합니다. 정말 30대가 몸값 높이기에 제일 좋은 시기인가요? 그렇다면 당장 이직하진 않더라도 천천히 준비해 경쟁력을 만들고 싶습니다. 또 몸값을 높이기 위해 저를 브랜딩할 수 있는 방법이 있나요?

30대라면 계속 도전하라!

개인적으로 30대에 대기업에서 성공 벤처기업으로, 다시 외국계 금융사로, 마지막으로 성장하는 상장사로 4번의 이직을 했다. 인터넷 SNS 업체, 게임업, 금융업, 미디어 플랫폼 등 업종도 다양했다. 10년 남짓한 기간 동안 업종을 넘나들며 터득한 노하우를 기초로 조언하자면, '지금 당신이 30대라면 승부를 걸어라!'이다.

물론 40대가 되어서도 몸값을 높이고, 성공적으로 이직할 수 있다. 하지만 30대에 비하면 좀 더 많은 노력이 필요하다. 따라서 이직할 마음이 있다면, 꾸준히 준비해서 30대에 강력한 승부를 보라고 말하고 싶다. 과연 무엇에 투자해야 자신의 가치를 극대화할 수 있을까?

다양한 업종을 염두에 둬라

한 분야를 깊이 아는 것도 중요하지만, 여러 분야를 빠르게 파악하는 능력도 중요한 시대이다. 회사의 사업 내용, 산업 분위기, 기술 흐름뿐만 아니라 다른 시장의 트렌드, 뜨고 지는 분야 등 다방면의 정보를 받아들이는 것이 중요하다. 30대의 빠른 판단력과 학습 능력을 바탕으로, 자신이 지금 속해 있는 산업과 비전 있다고 판단되는 산업을 비교해보자. 그 과정에서 직무는 그대로 두되, 업종 변환을 하는 것 역시 고려해보면 좋다.

물론 새로운 분야는 파악하고 적응하기 힘든 만큼 업종 전환을 두려워할 수도 있다. 하지만 막상 해보지 않으면 알 수 없는 일이다. 그래야 40대가 되기 전 자신이 진짜 머물러야 할 곳, 승부를 던져도 될 곳이 보인다.

이직 후 3개월 안에 돋보일 수 있도록 준비하라

여러 번 강조하지만 자신의 능력과 가치를 이직한 회사에 보여주는 데 3개월이란 절대 짧은 시간이 아니다. 이직한 첫 해에 조직에서 인정받으면 예상치 않았던 기회가 오고, 3년 내에 회사의 주요 그룹에 속할 수 있다. 이는 더 좋은 회사로 나아갈 발판이 되어준다. 90일이 3년을 보장한다는 사실을 절대 잊어서는 안 된다. 요즘 조직은 당신이 적응하기까지 기다려주지 않는다.

가능한 한 신규 프로젝트에 들어가라

단일 직무로는 윗사람들의 인정은커녕, 성장도 어렵다. 새로운 과제를 진행하고 해결하는 과정에서 진정한 배움과 쓸 만한 경험이 생긴다. 무조건 신설되는 TFT나 프로젝트 멤버로 들어갈 수 있도록 자원해야 한다. 미리 상사에게 새로운 일도 잘할 수 있다는 의지를 보이고, 사내에 어떠한 프로젝트가 있는지 관심을 가져야 한다. 무엇보다 새로운 프로젝트를 처음부터 끝까지 끌고가는 과정에서 정말 많이 배운다!

이직하기로 결정하는 건 나여도, 지원자를 선택하는 것은 남이다. 최종 선택될 수 있도록 최종 의사결정자에게 당신이 많이 알려져야 한다. 부정적인 방법으로 이직의 길을 만들라는 뜻은 절대 아니다. 단, 요즘은 직접 지원해서 이직하기보다는 추천받아 가는 경우가 많다. 지원자와 직접 일해본 사람의 소개인 만큼 상대적으로 실력을 보장받을 수 있기 때문이다. 앞으로는 더더욱 그럴 것이다. 인재가 인재를 끌어당기는 자석이 된다.

공부까지는 이해가 갈 수 있으나, 자랑은 이상하게 느껴질 수도 있다. 정확히 이야기하자면, 자신을 전문가로서 브랜딩해야 한다는 뜻이다. 회사 내부뿐만 아니라 외부 강연, 전문가 모임, 기고, 도서 집필, 유튜브 등 어떠한 형태로든 자신의 브랜드를 콘텐츠화해서 대외적으로 자신의 전문성을 알려야 한다.

30대는 당신이 얼마나 가치 있는지를 증명할 수 있는 시기다. 스스로 브랜딩하고 널리 알려라.

40대인데 이직하려면 뭘 준비해야 할까요?

지금까지 총 5번의 이직 경험이 있는 40대 초반 직장인입니다. 40대가 되니 이직도 부담이 크네요. 주변에서는 좋은 기회가 오면 마지막 이직이라고 생각하고 꼭 회사를 옮기라고 하는데… 막상 다시 이직을 준비한다고 생각하니 그냥 답답하네요. 더 늦기 전에 다시 준비하고 시작해야 하는데, 무엇을 챙겨야 할까요?

시니어만의 장점을 살려라

40대에는 이직이 기회보다는 두려움으로 먼저 다가온다. 현 조직에서 누리던 것들을 뒤로 한 채 새로운 기회에 도전한다는 것 자체가 리스크이다. 또한 책임져야 할 가족이 있는 상황이라면 사회적 통념에서도 새로운 도전보다는 안정적인 이후를 준비해야 하는 시기로 여겨지기 때문이다.

하지만 평생 직장이 아닌 자기의 '평생 일'이 필요하다는 측면에서 볼 때, 이직은 또다른 기회이다. 물론 이직을 통해 공격적으로 커리어를 쌓는 20대, 30대 이직자들과는 다른 방향의 준비가 필요한 것은 사실이다. 이제까지 겪어보지 못한 이직 세상에 뛰어들기 전 무엇을 준비해야 할지 하나씩 챙겨보자.

평판 조회 리스트

10년 이상 직장 생활을 한 경력자가 이직을 위해 첫 번째로 준비해야 할 것이다. 평판 조회 리스트는 오랫동안 꾸준히 쌓아올려야 하는 부분이자, 자신이 결과를 어떻게 할 수 없는 부분이기 때문이다. 자신에 대해 긍정적으로 평가해줄 수 있는 사람을 3명 이상 만들어두어야 한다. 요즘은 대부분의 기업에서 평판 조회를 채용 과정의 마지막 관문으로 도입하고 있다. 시니어 포지션일수록 반드시 통과해야 하는, 필수 코스이기에 꼭 준비해야 한다.

기획이나 디자인 직무에만 해당되는 준비물이 아니다. 요즘은 자신의 과거 경험이나 결과를 다양한 매체(프레젠테이션, 유튜브 영상 등)로 미리 준비하는 경우가 많다. 상대방에게 자신의 성과를 가장 쉽게 어필할 수 있는 방법이 시각적인 콘텐츠이기 때문이다.

또한 시니어의 경우, 그만큼 해온 일이 많기 때문에 자신의 경험이 한눈에 들어오도록 구성하는 작업이 필요하다. 자신만의 능력을 문서나 영상 등 하나의 콘텐츠와 이야기로 미리 준비해야 한다.

지원한 회사에 대한 정보를 가지고 있는 사람이 필요하다. 공정성 등의 이유로 직접 확인이 어렵다면, 간접적으로라도 채용 정보를 제공해줄 수 있는 같은 산업, 동일 직무의 지인들을 확보해두는 것이 중요하다. 오랜 기간 같은 직종에서 일해온 시니어들이 다른 경력자에 비해 더 유리한 부분이기도 하다. 지인 확보는 시간이 오래 걸리므로 평상시에 관련 분야의 오프라인 커뮤니티 활동, 개인적 만남, SNS 활동 등에 꾸준히 시간을 투자해야 한다. 무엇보다 조직 내에서 구축한 관계를 이직 시에도 활용할 수 있도록 개인적인 친분으로 연결해놓는 것이 중요하다.

자기계발 프로그램

자기계발은 40대 직장인에게도 꼭 필요한 자산이다. 과거에는 대학원을 가는 것만이 자기계발의 전부라 여기졌지만 요즘은 온라인, 오프라인 할 것 없이 다양한 교육 과정이 수시로 개설되므로 관심을 가지고 찾아보자. 자신의 경력 확장에 도움이 될 만한 과정이 보이면 돈과 시간을 투자해야 한다.

준비된 이력서와 자기소개서

경력직의 경우도 객관적 정보가 담긴 이력서보다는 자신의 소신과 생각이 담긴 자기소개서가 점점 더 중요해지고 있다. 따라서 기회가 생기면 바로 지원할 수 있도록 이력서와 자기소개서를 업데이트 하는 편이 좋다. 자기소개서의 경우 경력 기술서를 축약하는 형태로, 간단한 키워드와 이야기 중심으로 정리해야 한다.

이직할 생각이 있다면, 나이나 경력은 문제가 되지 않는다. 단, 오늘부터 준비해야 한다. 40대도 된다! 특히 시니어라면 실력, 경험, 기술, 연륜, 리더십, 인격 등 서류를 뛰어넘는 능력이 분명히 있다.

40대 후반 대기업 팀장입니다.
그냥 나가서 창업할까요?

저는 40대 후반으로 현재 대기업에서 팀장을 맡고 있습니다. 그런데 얼마 전 승진에서 탈락했습니다. 일단 버티고는 있지만, 슬슬 회사의 눈치가 보이네요. 이직을 하자니 어린 친구들에 비해 경쟁력이 없는 것 같고, 그렇다고 창업은 치킨집밖에 생각이 안 납니다. 스타트업은 실제로 제가 운영할 수 있다고 생각해본 적은 없고요. 자녀들이 아직 고등학생이라, 돈을 더 벌어야 하는데 걱정이 큽니다.

창업에는 단기적인 목표와
장기적인 목표가 동시에 필요하다

40대 후반 직장인들로부터 비슷한 고민을 많이 듣는다. 이직과 창업 사이에서 고민을 하다가도, 현실을 생각하면 창업은 꿈꾸는 것에 만족하게 된다는 이야기도 많이 듣는다. 하지만 미래를 생각하면 무엇인가 확실한 결정이 필요한 상황! 다른 어떤 나이대보다 고민과 걱정이 많으며, 해야 할 것도, 준비할 것도 많은 나이가 40대 후반이다.

길게 보면 창업이 답이지만 경험이 없어 두려움이 클 것이다. 조직을 떠나기에는 매월 얻게 되는 안정적인 급여에 미련도 생긴다. 반면에 지금의 경력을 생각해보면 못 할 것도 없으리란 막연한 자신감이 생기기도 한다.

하지만 이직과 창업 사이에서 고민하는 시간이 늘수록, 창업할 기회와 가능성은 상대적으로 줄어든다. 이직이 아닌 창업을 생각하고 있는 중이라면 도움이 될 몇 가지를 공유한다. 물론 사람마다 주어진 목표나 시작하는 환경이 다르므로 개인적으로 잘 판단해야 한다.

3년 후가 그려지는 일을 택하라

일을 새롭게 만드는 것이므로 오래갈 수 있는 아이템을 택해야 한다. 이직은 회사를 선택하는 것이지만, 창업은 일을 결정하는 과정이다. 물론 3년 후를 정확히 그릴 수는 없지만, 남에게 말로 설명할 수 있는 수준까지는 반드시 필요하다.

창업은 내가 회사의 모든 결정을 책임지는 것이다

어떤 일이든 시작할 때 스스로 일의 오너십, 즉 주인 의식을 가져야 한다. 오너십이 없으면 지금 다니는 회사를 계속 다니는 것과 다를 게 없다. 창업하는 회사의 구조나 지분관계, 동업자와의 파트너십 등도 초반에 정확한 관계 구성이 중요하다.

2년 내에 이룰 수 있는 목표를 그려라

2년은 짧은 시간이다. 하지만 40대의 2년은 20대나 30대에 비하면 상대적으로 많은 것을 잃게 될 수 있는 시간이기도 하다. 들이는 시간에 대한 결과가 미치는 영향이 크므로, '어떤 회사를 만들겠다', '어떤 가치가 있는 브랜드를 시장에 내놓겠다', '매출을 얼마 정도 하겠다' 등 단기간에 이룰 수 있는 목표를 명확하게 정해야 한다.

목표를 같이 이룰 수 있는 사람을 찾아라

사업은 사람을 내 편으로 만드는 일이다. 특히나 창업의 시작 단계에서 사람의 중요성은 이루 말할 수가 없다. 오랫동안 함께 할 수 있는 사람을 만드는 일이 사업의 전부라 해도 과언이 아닐 정도이다. 당장 도움받을 사람이 없다면 시작을 고민해야 한다. 또한 사업이 커질 경우를 가정하고, 차근차근 인력이 투입될 구조를 만드는 것도 필요하다.

오래 갈 수 없다면 그만둘지, 계속할지 판단이 필요하다. 적어도 '계속 해볼걸' 하고 후회하지 않을 만한 기한을 정해두자. 목표에 따라 다를 수는 있지만, 개인적으로 3년 정도의 기간을 정해놓고 결과를 본 뒤, 그다음을 판단해야 한다고 본다. 정해진 기간이 있을 경우, 열정도 최대한으로 쏟아부을 수 있다.

High Risk, High Return! 세상에 공짜는 없다. 창업을 하면 말로는 전달할 수 없는, 자신만의 경험과 노하우가 생길 것이다. 지금 시작하지 않으면 분명히 늦는다. 이직에 꾸준한 준비가 필요한 것처럼 창업에는 그 이상의 준비가 필요하다.

벌써 3번째 실패했습니다.
이직을 포기해야 할까요?

경력 10년이 넘은 직장인으로, 3번의 이직 경험을 가지고 있습니다. 그중 한번은 외국계 회사였고요. 그런데 최근에 있었던 이직 면접에서 또 떨어졌습니다. 꼭 가고 싶었던 회사이기도 하고, 새로운 분야로 넓혀 가고 싶기도 해 지인 추천으로 어렵게 기회를 얻어 지원한 자리였는데 결국 실패했습니다. 괜찮다고 넘어갈 수도 있지만 연차가 많아서 그런지, 더욱 마음이 심란해지네요.

실패를 경험 삼아 일어나야만 한다

실패는 할 수 있다. 중요한 것은 실패 이후 얼마나 빠르게 부족한 점을 찾아 메꾸고, 성공에 가까워지느냐이다. 이직도 마찬가지이다. 실패는 어쩔 수 없지만, 다음 기회에서는 실패하지 않으려는 노력이 수반되어야 한다. 단순히 운이 없었다든지, 인재를 못 알아본다든지 등으로 자신을 위로하며 아무 노력도 안 한다면, 다음에는 면접 기회조차 기대하기 어려울 수 있다.

이제 한 직장에 신입사원으로 입사해 정년에 퇴사하는 사람은 거의 없는 만큼, 이직은 직장인들에게 있어 선택 요소가 아닌 필수 요소이다. 여러 번 이직하는 사람을 능력 있다, 비전 있다, 목표 의식 있다 등 능력있는 인재로 인식하는 경향도 보인다. 따라서 노력을 통해 실패를 성공으로 바꾼 경험도 개인의 역량으로 비춰지기도 한다.

따라서 이력서를 넣었는데도 답이 오지 않았거나, 실무 면접에서 떨어졌거나, 안타깝게 최종 불합격이라고 통보받았다면 지금이 중요하다. 당신이 바로 지금 해야 할 행동을 제시한다.

실패 후 발전하기 위한 체크 리스트

자신의 약점이 알고 싶다면, 지원 서류에서 끌어낼 수 있는 질문을 체크한다.

약점으로 보일 수 있는 부분을 지우고, 이력서를 강점 중심으로 업데이트한다.

탈락의 이유를 찾고 싶다면, 면접 과정을 글로 복기해본다.

지인과 면접 내용을 공유하면서, 스스로 면접을 리뷰해본다.

혼자서 나은 방향을 찾기가 어렵다면, 헤드헌터 또는 전문 커리어 컨설턴트와 만나서 상담을 받는다.

지원했던 회사의 정보를 찾아 다시 정리한 후, 탈락 이유를 정리해본다.

헤드헌터에게 연락하는 등 이직의 기회를 다시 적극적으로 찾는다.

　남들과 다르게 행동해야 다른 결과를 얻을 수 있다. 다른 사람들이 실패의 좌절과 걱정으로 시간을 낭비하는 사이에 다시 리뷰하고, 고민하고, 준비하면 새로운 기회가 온다. 준비되어 있는 사람에게만 기회가 기회로 보인다!

이직이 제 맘대로 되지 않아
우울합니다

금방 다른 회사에 이직할 수 있을 줄 알고 다니던 회사를 그만뒀는데, 서류에서 면접까지 벌써 몇 번이나 떨어졌습니다. 저만 빼고 다들 쉽게 이직하는 것 같네요. 나름 열심히 했는데도 실패만 계속되니, 이제 새로운 회사를 찾고 이직을 준비하는 것 자체가 너무나 버겁습니다. 하루하루 버티며 사는 제가 한심하기 짝이 없네요.

잠깐 혼자만의 시간을 가져라!

　이직을 준비하는 모든 사람이 이직에 바로 성공하는 것은 아니다. 이직은 실제로 풀기 벅차고, 어려운 문제이다. 당신이 이직 때문에 너무나 힘든 시간을 보내고 있다면, 한 걸음 물러섰다가 새롭게 시작하기 위한 다섯 가지 행동을 제안한다. 물론 개인이 처한 상황과 환경이 다를 수 있지만, 아래 중 한 가지라도 선택해서 실천해보면 조금이나마 숨을 돌릴 수 있을 것이다.

　한 시간, 하루, 일주일, 한 달. 기간은 상관없다. 완전히 혼자 있을 수 있는 시간을 만들어, 자신만의 시간 속으로 떠나라. 큰 목표나 뚜렷한 결과가 없어도 좋다. 혼자라는 사실에 두려워하지 말고, 그냥 시간을 써라.

　같은 고민을 하는 누군가를 만나는 것만으로도 큰 힘을 얻게 될 때가 있다. 실패했다는 생각 때문에 당장 다른 사람을 만나는 게 꺼려질 수도 있지만, 그래도 일단 나가보라고 조언하고 싶다. 함께 고민을 터놓고 이야기를 나누며, 정보를 공유하고, 성공과 실패를 공감하는 시간이 당신에게 위로를 줄 것이다.

자극이 필요하다. 익숙한 곳이 아니라 잘 몰라서 불편하거나 어려운 곳에 가보는 것만으로도 새로운 기회가 생긴다. 의욕이 생겨 작은 변화를 다짐할 수도 있다. 평소에는 바쁘다는 핑계로 가보지 못했던 세미나에 참석하거나 일과는 관련되지 않더라도 원데이 클래스, 독서회 등 평소 관심 있었던 모임에 참여해보자.

이직의 실패가 인생 전체의 좌절로 이어져서는 안 된다. 지금은 당연히 작은 공백이 커보이겠지만 인생의 긴 행로에서 보면 절대 길지 않은 시간일 것이다. 인생의 목표를 돌아보고, 커리어의 목표도 다시 세워보자. 막연한 이야기 같지만, 인생의 목표를 꾸준히 돌아보는 사람이 결국 만족스러운 삶을 살 수 있다.

자기 자신을 위해 먼저 스스로 힘과 용기를 얻을 만큼 괜찮은 선물을 나에게 하자! 잠깐의 만족이 원동력이 되어, 이직에 성공할 때까지 다시 움직일 수 있는 힘을 줄 것이다.

힘이 들 때는 힘이 드는 대로 두는 것도 괜찮다. 어려운 숙제에는 원래 시간이 걸리기 마련이다. 괜찮다. 힘내자.

[마치며]

이직도 결국 사람이 하는 것이다

6번의 이직과 3번의 창업, 크리에이터로서 4년 넘게 지속해온 경험 등은 서로 긴밀하게 연관되어 있다. 처음부터 이직도 자주 하고, 창업도 하고, 여러 직업을 가지며 모든 걸 다 이루어내겠다는 거창한 계획이 있었던 건 아니다. 나의 현재는 매번 다음을 고민하며 무엇이 가장 최선일까 생각했던 하루하루의 합으로 만들어진 결과이다.

이직할 때 역시 거창한 커리어 플랜이 있었다기보다는 주변에 좋은 사람들이 많았다. 한참 시간이 지나고 나서야 깨닫게 된 사실이지만, 그분들이 곁에 있었다는 사실이 큰 행운이었다. 이직을 고민할 때, 이직 후 적응하기 어려워할 때, 과도한 일 때문에 힘들 때에도 좋은 분들의 따끔한 충고 덕분에 다시 일어날 수 있었다.

홀륭한 리더와 동료, 각 분야의 전문가들을 만나 인사 업무를 넘어 전혀 생각해보지 않았던, 창업이라는 길까지 들어설 수 있었다. 따라서 지금도 하루의 반은 사람을 만나고, 그들과 이야기하고, 같은 목표를 향해 나아가려고 한다.

인사와 사업이 다르지 않은 이유는 결국 '사람'이라는 키워드 때문이다. 이직도 마찬가지이다. 현재 있는 자리에서 좋은 관계를 만들어야만 나중에 자신의 커리어와 인생에서 색다른 도전을 할 때 큰 버팀목이 된다. 그래서 이 책에서도 '사람'의 중요성을 계속해서 강조했다. 어떤 일이든 사람이 중요하다는 것, 그리고 회사를 떠나도 사람은 남는다는 사실을 처음부터 알았으면 좋겠다는 마음이다.

코로나19라는 절체절명의 위기 속에서 많은 기업이 갈 길을 잃고, 조직 안의 개인들도 힘을 잃고 있다. 비슷한 위기가 다시 오지 않으리란 법이 없다. 다시 일어나서는 안 되는 일이지만, 세상일은 뜻대로 되지 않음을 모두 알고 있을 것이다. 그렇다면, 위기 상황을 극복할 수 있는 방법을 미리 준비해야만 한다. 그 방법 중 하나가 이직이다.

어쩔 수 없는 환경을 탓하기에는 시간이 너무 아깝다. 반드시 길은 존재하고, 우리는 해답을 잘 찾아낼 것이기 때문이다.

새로운 회사를 찾는 분들, 어떤 일을 하며 평생을 살아야 할지 궁금한 분들, 일을 더 잘하고 인정받고 싶은 분들, 적응하기 어려운 회사와 사람 때문에 고민인 분들, 조금만 인내하고 기다린다면 분명히 생각지도 못한 곳에서 길이 보일 것이다.

사람이 전부다.
사람이 결과다.
사람이 미래다.

프로 이직러의 셀프 체크 리스트

경력직 이직을 고민하는 분들을 위해 마지막으로 이직을 단계별로 스스로 체크해볼 수 있는 셀프 체크 리스트를 공유한다. 회사마다 단계나 순서의 차이가 있을 수는 있으나, 각 단계별로 제시하는 질문에 스스로 답해보면 자신이 이직을 위해 얼마나 준비되어 있는지 확인해볼 수 있다. 다만 '아직 안 되겠네', '그냥 포기하자'라는 대답을 이끌어내기 위한 것은 아니다. 부족한 부분을 채우다 보면 누구나 프로 이직러가 될 수 있다!

막히는 부분이 있다면 따로 정리해서, 해결해 나가는 경험이 곧 실력이 된다. 사실 공개하기가 꺼려지는 부분이기도 하고, 상당히 개인적인 경험의 연속이므로, 아직까지 이직에 대해서 체계적으로 정리해서 가이드하는 곳은 거의 없다. 그만큼 책임감을 가지고 이 책에는 핵심만 모아놨으니, 하나씩 만들어간다는 생각으로 실천해 가면 분명히 놀라운 결과를 맞이할 것이다.

목표로 하는 회사, 직무에서 요구하는 조건이 무엇인지 확인했는가?

최근 이직에 성공한 사람으로부터 이직 과정에 대해서 자세히 물어보고 들어본 적이 있는가?

이직 시 희망하는 조건, 즉 연봉, 성과급, 복리후생, 근무 환경, 교육, 성장 기회 등을 구체적으로 생각해본 적이 있는가?

최근 3개월 내에 최신 경력, 학력, 자기계발 사항이 업데이트된 이력서가 있는가?

경력 포트폴리오에 주요 경력, 핵심 성과, 강점이 잘 강조되어 있는가?

자신이 작성한 서류 3종(이력서, 자기소개서, 경력 포트폴리오)을 컨설팅받거나 주변 사람에게 공유한 경험이 있는가?

지인이 본인을 추천한 이유에 대해서 자세히 들어보았는가?

추천받은 회사의 경영 현황 및 주요 이슈, 팀의 조직 구조 및 인원, 채용 사유에 대해서 알고 있는가?

자신의 주요 경력, 핵심 직무기술을 보여줄 수 있는 과거 경험상 지표, 이야기, 자기성찰이 준비되어 있는가?

입사 이후 본인이 맡을 직무에서 기대되는 성과를 3가지 이상 구체적으로 말할 수 있는가?

직무 전문가로서 본인이 부족한 부분, 개발하고 있는 부분, 상대적으로 취약한 부분을 스스로 평가한다면 무엇인가?

업계의 최신 트렌드를 잘 알고 있는가?

회사의 비전과 연결된 자신만의 장기적인 커리어 비전은 무엇인가?

궁금한 사항을 물어보는 시간에 자신을 어필할 수 있는 질문을 준비했는가?

자신의 리더십, 성격, 추진력을 나타낼 수 있는 이야기가 준비되었는가?

평판 조회 관련 문서에 적어낼 수 있는 바로 전 직장의 동료 3명(상사, 동료, 후배 등)은 누구인가?

평판 조회 시 걱정이 되는 부분이 있다면, 추가 설명할 수 있는 이유는 준비되어 있는가?

본인이 이직 시 기대하는 희망연봉, 총보상액 또는 인상률은 얼마인가?

이직할 회사의 산업, 직군, 직무의 직급별 연봉이 얼마인지 알고 있는가?

연봉 협상에서 본인의 마지노선(최저 수준)을 정했는가?

현재 회사와 이직할 회사의 총보상 항목에서 서로 차이 나는 부분이 어디인지 알고 있는가?

이직할 회사에서 최종 합격 통보 내용을 메일을 통해 구체적으로 전달받았는가?

현재 회사의 통보 날짜는 이직할 회사의 입사 날짜를 고려해서 정했는가?

현재 회사에서 다양한 이유로 계속 근무를 요청할 경우, 어떻게 대응하고 이야기할지 마음을 정했는가?

입사 이후 90일 동안 본인의 우선순위가 정해져 있는가?

수습기간을 확실히 통과할 수 있는 본인만의 '작은 성공' 목표가 있는가?

첫 부서장과의 대화, 첫 전체 미팅, 첫 임원 인사 등에서 본인을 짧고 굵게 설명할 수 있는 인사말이 준비되어 있는가?